SPÉCIAL À PARTAGER

FAIT MAISON

N°7

par CYRIL LIGNAC

45 recettes rapides & faciles

Éditions
de La Martinière

« Fait maison », le plaisir de partager

La cuisine qui me procure le plus de joie, c'est certainement celle des repas entre amis ou en famille, celle du partage et de la gourmandise. Une cuisine simple, décomplexée, joyeuse, parfois même voyageuse, intemporelle, remplie d'amour : le bonheur d'être ensemble autour d'une même table.

Parce que cette cuisine du partage me correspond en tous points, j'ai eu à cœur de réunir 45 recettes à partager, faciles, rapides et quotidiennes dans ce nouveau tome de la collection « Fait Maison ».

Ensemble, on va se régaler !

Cyril Lignac

SALÉ

SUCRÉ

FAIT MAISON

SALÉ

MELON AUX FRUITS FRAIS

TEMPS DE PRÉPARATION : 15 MINUTES

POUR 6 À 8 PERSONNES

- 2 melons mûrs
- 250 g de fraises Mara des bois
- 250 g de billes de mozzarella
- 5 cl de vinaigre balsamique blanc
- 15 cl d'huile d'olive
- 2 avocats mûrs
- 125 g de framboises
- Quelques feuilles de basilic
- 8 poignées de glace pilée
- Fleur de sel et poivre du moulin

CONSEILS

• Dépose au fond de ton plat une feuille de papier absorbant humidifié pour éviter que la glace pilée ne bouge dans le plat. Tu peux aussi mélanger à la glace pilée un peu de gros sel de cuisine pour garder la glace intacte un peu plus longtemps.

• Pour garder un avocat bien vert sans le citronner, ce qui lui donnerait un goût acide, épluche-le à la main.

ÉTAPE 1

Coupe chaque melon en deux et retire les pépins au centre sans creuser. À l'aide de la cuillère à pomme parisienne, taille des boules sans aller trop sur les bords ni trop creuser. À l'aide d'une cuillère à soupe, retire la chair restante sans creuser, coupe-la en petits cubes et répartis-les dans les demi-melons.

ÉTAPE 2

Retire les queues des fraises, puis coupe-les en quartiers si elles sont grosses, sinon laisse-les entières.
Taille les billes de mozzarella si elles sont trop grosses.
Mélange les fraises, la mozzarella et les billes de melon dans un saladier.
Dans un petit bol, fouette le vinaigre et l'huile d'olive avec un fouet ou une fourchette. Assaisonne le mélange.
Coupe les avocats en deux et épluche-les à la main, retire le noyau et coupe la chair en morceaux. Ajoute l'avocat à la salade et dépose à la fin les framboises car elles sont fragiles. Assaisonne le tout avec de la fleur de sel et du poivre du moulin.

ÉTAPE 3

Dans un grand plat, verse la glace pilée. Dépose chaque demi-melon dans les assiettes et fais une jolie présentation sans tasser avec le mélange de fruits et mozzarella. Dépose quelques feuilles de basilic et ajoute un trait d'huile d'olive. À partager !

SALADE DE POMMES DE TERRE ET ŒUFS DURS

TEMPS DE PRÉPARATION : 15 MINUTES - TEMPS DE CUISSON : 15 MINUTES

POUR 6 À 8 PERSONNES

3 belles pommes de terre roseval
1 cuil. à soupe de gros sel de cuisine
7 œufs bio
1 cuil. à soupe de vinaigre d'alcool blanc
250 g de tomates cerises
150 g de ventrèche de thon blanc mariné à l'huile d'olive
2 cuil. à soupe de câpres à l'huile d'olive
2 cuil. à soupe d'olives violettes taggiasche dénoyautées
Quelques feuilles de coriandre fraîche
Quelques brins d'aneth
Fleur de sel et poivre du moulin

Pour la vinaigrette :
5 cl de vinaigre balsamique de Modène
15 cl d'huile d'olive

CONSEIL

Pour la cuisson des œufs durs, c'est en général 10 minutes, mais tu peux les faire cuire 12 minutes pour être sûr qu'ils soient bien cuits. Les œufs mollets, c'est 6 minutes, et les œufs à la coque, entre 2 à 4 minutes selon la grosseur et la fraîcheur de l'œuf.

ÉTAPE 1

Lave les pommes de terre et plonge-les dans une casserole d'eau froide avec le gros sel, porte à ébullition et fais-les cuire 15 minutes. C'est la cuisson en robe des champs. Quand elles sont cuites, égoutte-les et laisse-les refroidir, épluche-les et coupe-les en morceaux. Dépose-les dans un plat.

ÉTAPE 2

En même temps, fais cuire les œufs dans une casserole d'eau bouillante avec un trait de vinaigre d'alcool blanc pendant 12 minutes. Égoutte-les et plonge-les dans un bain d'eau froide avec des glaçons, puis écale-les dans l'eau, ça sera beaucoup plus facile. Coupe les œufs en deux et dépose-les sur les pommes de terre.

ÉTAPE 3

Lave les tomates cerises et coupe-les en deux dans la longueur, ajoute-les dans le plat. Entre chaque demi-œuf et légumes, dépose 1 tranche de thon que tu détaches à la main ou à l'aide d'une petite pince. Ajoute les petites câpres égouttées, les olives entières et décore de feuilles de coriandre et d'aneth.

ÉTAPE 4

Dans un saladier, verse le vinaigre et fouette avec l'huile d'olive. Assaisonne la salade avec cette vinaigrette et parsème de fleur de sel et de poivre du moulin.

SALADE D'ASPERGES BLANCHES ET FRAISES

TEMPS DE PRÉPARATION : 15 MINUTES - TEMPS DE CUISSON : 15 MINUTES

POUR 12 PERSONNES

1 botte de 500 g d'asperges blanches
5 tomates ananas
300 g de fraises
3 avocats mûrs
Le jus de 2 citrons jaunes
Huile d'olive
1 cuil. à soupe de gros sel de cuisine
Fleur de sel et poivre du moulin

ÉTAPE 1

Épluche les asperges blanches, casse le bout au niveau de la queue pour ne pas avoir de partie dure, puis plonge-les dans une casserole d'eau bouillante salée. Laisse-les cuire 6 à 7 minutes selon leur grosseur ; plante la lame d'un petit couteau dedans pour vérifier qu'elles sont cuites. Égoutte-les et dépose-les sur ta planche, puis coupe-les en tronçons.

ÉTAPE 2

Lave les tomates, les fraises si elles sont terreuses, équeute-les et taille-les en quartiers selon leur grosseur. Ajoute-les dans le plat avec les asperges. Coupe en deux les avocats, retire le noyau et épluche-les à la main, taille-les en tranches fines et pose-les en éventail sur la salade.

ÉTAPE 3

Assaisonne avec du jus de citron frais et de l'huile d'olive. Parsème de fleur de sel et de poivre du moulin. Sers frais.

TARTE CROUSTILLANTE RICOTTA ET TOMATES

TEMPS DE PRÉPARATION : 25 MINUTES - TEMPS DE CUISSON : 25 MINUTES
TEMPS DE REPOS : 1 H 10

POUR 6 PERSONNES

1 pâte feuilletée
3 tomates cœur-de-bœuf
1 cuil. à soupe d'olives vertes dénoyautées
1 cuil. à soupe de câpres fines à l'huile d'olive
1 morceau de parmesan
Quelques feuilles de basilic
Huile d'olive
Fleur de sel et poivre du moulin

Pour la ricotta de chèvre :
65 cl de lait de chèvre
30 cl de crème liquide entière
10 g de sel fin
2,5 cl de jus de citron jaune frais

ÉTAPE 1

Pour faire la ricotta, porte à ébullition dans une grande casserole le lait et la crème tout en remuant de temps en temps. Ajoute le sel et mélange. Prends la température à l'aide d'un thermomètre, quand elle est à 80 °C, ajoute le jus de citron en remuant tout doucement à l'aide d'un grand fouet. Baisse le feu et, quand la température est d'environ 100 °C, la coagulation commencera. Sors la casserole du feu, dépose un couvercle, puis laisse reposer pendant au moins 30 à 40 minutes.

ÉTAPE 2

Prépare une plaque avec une seconde plaque trouée, étale un linge propre dans le fond et sur les bords, puis dépose dessus le lait caillé qui remonte à la surface de la casserole à l'aide d'une écumoire sans prendre le liquide. Tu peux garder un peu de petit-lait pour mélanger si la ricotta est vraiment trop épaisse. Laisse refroidir à température ambiante pendant 40 minutes environ. Réserve au frais.

ÉTAPE 3

Préchauffe ton four à 195 °C. Sur une plaque à pâtisserie recouverte d'une feuille de silicone, abaisse un disque de pâte feuilletée de 26 cm de diamètre. Dépose une seconde feuille de silicone dessus et une autre plaque à pâtisserie. Enfourne pour 16 minutes. Vérifie la cuisson de la pâte dessous et sur les côtés. Elle doit être dorée et légèrement développée mais pas gonflée. Laisse-la refroidir sur une grille.

ÉTAPE 4

Lave et taille les tomates en tranches fines. Taille en fins quartiers les olives vertes. Nappe la tarte de ricotta de chèvre à l'aide d'une spatule, dépose les tranches de tomate et assaisonne avec huile d'olive, fleur de sel et poivre du moulin. Ajoute les quartiers d'olive verte et les câpres égouttées, décore de copeaux de parmesan taillés à l'économe et de feuilles de basilic.

LA PISSALADIÈRE

TEMPS DE PRÉPARATION : 30 MINUTES - TEMPS DE REPOS : 30 MINUTES
TEMPS DE CUISSON : 1 HEURE

POUR 10 PERSONNES

Pour la pâte à pissaladière :

1 kg de farine + pour le plan de travail
20 g de sel fin
50 cl d'eau
80 g de levure de boulanger fraîche
10 g de sucre en poudre
100 g de beurre doux
5 cl d'huile d'olive

Pour le confit d'oignons :

4 oignons paille
2 gousses d'ail
1 cuil. à soupe de sucre en poudre
Huile d'olive
Sel fin et poivre du moulin

Pour la garniture :

50 g d'olives noires de Nice
12 filets d'anchois marinés

ÉTAPE 1

Pour la pâte à pissaladière, verse la farine et le sel fin dans la cuve du batteur. Dans une casserole, fais tiédir l'eau et ajoute hors du feu la levure de boulanger avec le sucre. Verse dans la farine en commençant à pétrir. Lorsque la pâte commence à faire une boule, ajoute le beurre en morceaux et l'huile d'olive, continue à pétrir et forme une boule. Dépose-la dans un saladier, filme au contact et laisse reposer 30 minutes à température ambiante.

ÉTAPE 2

Épluche les oignons et l'ail. Émince les oignons et hache l'ail. Dans une cocotte, fais chauffer un trait d'huile d'olive, dépose les oignons et l'ail, assaisonne avec du sel fin, le sucre et le poivre du moulin. Laisse suer les oignons sur feu doux pendant 30 minutes pour qu'ils compotent. Ils seront bien fondants et légèrement dorés à la fin de la cuisson.

ÉTAPE 3

Préchauffe ton four à 180 °C. Dépose la pâte à pissaladière sur ton plan de travail fariné et étale-la au rouleau pour former un disque (tu peux t'aider d'un cercle en Inox). Place la pâte sur ta plaque à pâtisserie recouverte d'une feuille de papier sulfurisé. Pique la pâte à la fourchette et enfourne pour 25 minutes.

ÉTAPE 4

Sors la pâte et étale dessus le confit d'oignons, remets à cuire au four 10 minutes, puis répartis les filets d'anchois et les olives noires sur ta pissaladière.

QUICHE AU SAUMON ET AUX HERBES

TEMPS DE PRÉPARATION : 40 MINUTES - TEMPS DE CUISSON : 1 HEURE

POUR 6 PERSONNES

Pour l'appareil à flan :
1 morceau de saumon de 300 g
50 cl de crème liquide entière
25 cl de lait entier
6 œufs bio
150 g de parmesan râpé
Huile d'olive
Sel fin et poivre du moulin

Pour le pesto basilic :
100 g de poudre de pistaches
1 gousse d'ail pelée et dégermée
80 g de parmesan râpé
50 g de feuilles de basilic frais
30 cl d'huile d'olive
Le jus d'1 citron jaune frais

Pour la pâte à quiche :
6 feuilles de pâte à filo
Quelques feuilles de coriandre
Quelques feuilles de basilic
Quelques feuilles d'estragon
50 g de beurre fondu
+ pour le moule

Pour la finition :
Parmesan
Quelques petites feuilles de basilic

Matériel :
Cercle en Inox de 21 cm de diamètre et de 5/6 cm de hauteur, type cercle à charlotte

ÉTAPE 1
Assaisonne le morceau de saumon avec du sel et du poivre, dépose-le dans une poêle chaude avec un trait d'huile d'olive, puis colore-le sur toutes les faces, laisse-le cuire 2 à 3 minutes. Retire ensuite de la cuisson dans une assiette et laisse de côté.

ÉTAPE 2
Pour le pesto, mixe les ingrédients sans l'huile d'olive et le jus de citron. Verse l'huile d'olive et mixe pour obtenir une pâte lisse, puis le jus de citron à la fin. Réserve.

ÉTAPE 3
Sur ton plan de travail ou ta planche, dépose 1 feuille de filo, nappe avec le pesto et répartis des feuilles de coriandre, basilic et estragon. Recouvre d'une 2e feuille de filo et répète l'opération pour 5 feuilles ; pour la dernière, ne la recouvre pas de pesto, juste de beurre fondu. Retourne la pâte finie et nappe-la de beurre fondu, découpe des bandes de la taille de la hauteur de ton cercle en Inox et un disque de pâte de quelques millimètres plus grand. Beurre ton cercle, place les bandes sur les côtés, puis le disque au fond en appuyant légèrement.

ÉTAPE 4
Préchauffe ton four à 190 °C. Dans un saladier, verse la crème et le lait, puis les œufs. Ajoute le parmesan râpé. Dépose le saumon cuit et un peu émietté dans le cercle en Inox, verse dessus l'appareil à flan et enfourne pour 1 heure.

ÉTAPE 5
Sors la tarte du four et attends quelques minutes, râpe un peu de parmesan et dépose les feuilles de basilic.

FEUILLETÉ FIGUES ET CHÈVRE

TEMPS DE PRÉPARATION : 20 MINUTES - TEMPS DE CUISSON : 40 MINUTES

POUR 6 PERSONNES

1 pâte feuilletée ronde de 30 cm de diamètre
2 cuil. à soupe de moutarde
200 g d'échalotes
6 figues de Solliès
Quelques noisettes
1 chèvre frais crémeux de 250 g
2 cuil. à soupe de miel liquide
1 jaune d'œuf bio
Quelques pluches d'origan frais
Fleur de sel et poivre du moulin

CONSEIL

Profite de la saison des figues qui est courte à la fin de l'été. Tu peux aussi faire cette tarte avec des mirabelles, des prunes ou des poires selon la saison.

ÉTAPE 1

Dépose la pâte feuilletée sur une plaque à pâtisserie recouverte de papier sulfurisé ou d'une feuille de silicone. À l'aide d'un cercle ou d'un ramequin, forme une trace au centre de 12 cm de diamètre. Nappe le cercle extérieur de moutarde en laissant quelques centimètres sur les bords intérieur et extérieur.

ÉTAPE 2

Épluche et émince les échalotes. Lave, sèche et tranche les figues. Concasse les noisettes.
Sur la moutarde, dépose les tranches de figues en forme de cercle et en les faisant se chevaucher. Répartis des points de fromage de chèvre crémeux. Ajoute de l'échalote émincée, verse un peu de miel sur les figues, puis ajoute les noisettes concassées. Assaisonne avec de la fleur de sel et du poivre du moulin.

ÉTAPE 3

Préchauffe ton four à 180 °C. Rabats le bord extérieur de la pâte sur les figues. Coupe le centre de la pâte en huit triangles, puis rabats les triangles sur la garniture. Nappe les bords et le dessus de la pâte avec le jaune d'œuf mélangé avec 1 cuillerée à soupe d'eau.
Parsème de fleur de sel.

ÉTAPE 4

Enfourne pour 35 à 40 minutes. Décore de quelques pluches d'origan frais pour servir.

LE PLATEAU DE FRUITS DE MER

5 RECETTES À PARTAGER

TEMPS DE PRÉPARATION : 1 HEURE - TEMPS DE CUISSON : 20 MINUTES

POUR 10 PERSONNES

Pour les huîtres marinées au vinaigre de cerisier :

4 à 10 huîtres fines de claire
1 petit morceau de gingembre de 10 g
1 petit piment thaï
Le jus d'1 orange
Le jus d'1 citron jaune
1 cuil. à soupe de vinaigre de cerisier japonais
1 cuil. à soupe de sauce soja
1 cuil. à soupe d'huile de pépins de raisin

Pour le tartare de saumon fruit de la Passion :

1 morceau de saumon de 200 g sans peau
10 cl de jus de fruit de la Passion
5 cl de vinaigre balsamique blanc
1 cuil. à soupe de jus de yuzu
15 cl d'huile d'olive
1 tranche de pain de mie en petits croûtons frits
Quelques feuilles de coriandre fraîche
Fleur de sel et poivre du moulin

Pour les coques marinées tosazu :

500 g de coques
1 cuil. à soupe de gros sel de cuisine
15 cl d'eau
15 cl de vinaigre de riz
1 cuil. à soupe de sauce soja
1 cuil. à soupe de sucre en poudre

ÉTAPE 1

Ouvre les huîtres. Épluche et râpe le gingembre, épépine et hache le piment. Mélange tous les ingrédients de la sauce et verse sur les huîtres.

ÉTAPE 2

Taille le morceau de saumon en tartare, mélange tous les ingrédients de la sauce dans un bol, puis mélange le tartare avec la sauce, ajoute les croûtons, de la fleur de sel et du poivre du moulin. Décore de quelques feuilles de coriandre.

ÉTAPE 3

Dépose les coques dans un bain d'eau avec le gros sel et laisse-les dégorger 4 heures, puis rince-les à l'eau douce et froide, laisse-les encore 4 heures dans l'eau froide, égoutte-les à la main sans les verser pour laisser le sable au fond du saladier. Pour la marinade, mélange l'eau, le vinaigre, la sauce soja, le sucre, le kombu et la bonite et réserve au frais. Dans une casserole, verse un trait d'huile d'olive et dépose les coques, couvre et laisse cuire sur feu moyen 2 minutes. Égoutte les coques, décortique-les, puis dépose-les dans un bol avec la marinade. Saupoudre de sésame et ajoute un peu de vert d'oignon cébette ciselé.

(suite de la recette, page suivante)

(suite de la recette) **LE PLATEAU DE FRUITS DE MER À PARTAGER**

1 petit morceau d'algue kombu
1 poignée de bonite séchée en pétales
Huile d'olive
1 cuil. à café de sésame grillé
1 oignon cébette

Pour les bulots en mayonnaise pimentée :
1 kg de bulots frais
1 feuille de laurier
1 brin de thym
1 cuil. à soupe de grains de poivre noir
1 cuil. à soupe de gros sel de cuisine
2 cuil. à soupe de mayonnaise maison
1 cuil. à soupe de ketchup
1 cuil. à soupe de sriracha

Pour les crevettes et pinces de crabe à la mayonnaise curry :
12 crevettes roses cuites
12 pinces de tourteau cuites
3 cuil. à soupe de mayonnaise maison
½ cuil. à café de curry en poudre
Sel fin

ÉTAPE 4
Lave un à un et trie les bulots (jette ceux qui sentent mauvais). Dans une casserole d'eau froide, plonge le laurier et le thym, ajoute le poivre et le gros sel, puis les bulots, porte à ébullition et laisse-les cuire 15 minutes. Laisse-les refroidir dans l'eau de cuisson. Décortique-les, retire la membrane baveuse, taille-les en deux et dépose-les dans un saladier. Mélange les ingrédients de la mayonnaise et ajoute-la aux bulots.

ÉTAPE 5
Dans un saladier, mélange la mayonnaise avec le curry en poudre et réserve. Décortique les crevettes et les pinces de tourteau.

ÉTAPE 6
Dans un grand plat, dépose une feuille de papier absorbant humidifié et ajoute de la glace pilée, dépose les huîtres marinées, les crevettes et les pinces de crabe, puis un pot de mayonnaise au curry. Dans trois bols, sers le tartare de saumon, les bulots en mayonnaise et les coques marinées.

CONSEIL

Décore la glace de fleurs comestibles et d'algues.

JARDINIÈRE BAGNA CAUDA

TEMPS DE PRÉPARATION : 15 MINUTES - TEMPS DE CUISSON : 20 MINUTES

POUR 6 PERSONNES

Pour la sauce aux anchois :

2 gousses d'ail
100 g d'olives vertes dénoyautées
10 filets d'anchois à l'huile d'olive
25 cl d'huile d'olive
Quelques gouttes de jus de citron jaune
Poivre du moulin

Pour la bouquetière de légumes :

12 carottes fanes de différentes couleurs
1 cuil. à soupe de gros sel de cuisine
1 branche de céleri
6 brocolettis
1 petite botte de radis de couleur
6 œufs bio
1 melon
2 endives
4 tomates de saison
1 botte de basilic
Huile d'olive
Fleur de sel

ÉTAPE 1

Épluche et hache l'ail. Mixe dans le blender les olives avec les anchois et l'ail. Lorsque tu obtiens une pâte, monte avec l'huile d'olive pour former une sauce onctueuse. Assaisonne avec du jus de citron et du poivre du moulin.

ÉTAPE 2

Épluche les carottes avec 3 cm de queue. Coupe le céleri en bâtonnets. À la poêle, fais légèrement griller les brocolettis à l'huile d'olive. Lave et coupe les radis en quartiers.

ÉTAPE 3

Pour faire cuire les œufs durs, plonge-les dans une casserole d'eau bouillante 12 minutes, puis égoutte-les et plonge-les dans de l'eau froide avec des glaçons, écale-les et coupe-les en deux. Coupe le melon et taille des quartiers, retire la peau. Effeuille les endives. Taille les tomates en quartiers.

ÉTAPE 4

Dans le saladier, dépose les carottes, queue vers le haut, les radis, le céleri et les brocolettis en bouquet. Ajoute les quartiers de melon, les demi-œufs durs, les feuilles d'endive et les tomates. Parsème un peu de fleur de sel. Dépose les feuilles de basilic. Sers avec la sauce aux anchois.

PIZZA REINE, JAMBON ET CHAMPIGNONS

TEMPS DE PRÉPARATION : 1 HEURE - TEMPS DE REPOS : 3 HEURES
TEMPS DE CUISSON : 35 MINUTES

POUR 12 PERSONNES

Pour la pâte à pizza :
1 kg de farine
30 g de sel fin
1 œuf bio
50 cl d'eau
65 g d'huile d'olive
15 g de levure fraîche de boulanger

Pour la sauce tomate :
1 oignon + 3 gousses d'ail
500 g de tomates cerises lavées
700 g de sauce tomate San Marzano
700 g de sauce tomate cerise de type Mutti®
1 botte de basilic

Pour la garniture :
2 boules de mozzarella
8 tranches de jambon blanc
1 douzaine de champignons de Paris
1 morceau de parmesan
Huile d'olive

ÉTAPE 1

Prépare la pâte à pizza. Dans la cuve du batteur, mélange 750 g de farine, le sel fin, la moitié de l'œuf battu, l'eau et l'huile d'olive à petite vitesse pendant 3 minutes. Incorpore la levure et continue de pétrir à la même vitesse. Verse le reste de farine (250 g) et augmente la vitesse, pétris 5 minutes. Enveloppe la pâte dans un torchon humide et laisse reposer 3 heures au réfrigérateur. Fais des boules de 120 g pour une pizza de 27 cm de diamètre (tu peux obtenir 12 pizzas fines).

ÉTAPE 2

Pour la sauce, épluche l'oignon et l'ail. Émince l'oignon et hache l'ail. Dans une sauteuse, verse l'huile d'olive et fais-les cuire à feu doux pour éviter que l'oignon colore. Ajoute les tomates cerises, les deux sauces et les feuilles de basilic. Laisse cuire 30 minutes. Puis, mixe la sauce avec un mixeur plongeant. Réserve.

ÉTAPE 3

Préchauffe ton four à 240 °C. Dépose une plaque à pâtisserie à l'envers. Coupe la mozzarella en petits cubes et dépose-les sur un linge pour qu'ils sèchent, ça évitera que l'eau ne colle dans la sauce tomate à la cuisson de la pizza. Saupoudre de semoule ton plan de travail (cela permet de déplacer facilement la pâte). Étale chaque boule de pâte en disque en appuyant avec la paume de la main tout en tournant.

ÉTAPE 4

Sur la pâte, étale à la cuillère ou avec une petite louche de la sauce tomate en partant du centre jusque sur les bords, dépose les cubes de mozzarella. Attention car le four est très chaud, aide-toi d'une palette à pizza ou d'un fond de moule amovible de tarte pour déposer la pizza sur la plaque chaude du four. Enfourne pour 3 minutes.

ÉTAPE 5

Sors la pizza à l'aide de la palette et dépose-la sur ton plan de travail, arrange harmonieusement les tranches fines de jambon sans faire de paquet et forme à la mandoline des tranches fines de champignons de Paris. Râpe du parmesan et verse un trait d'huile d'olive.

L'ÉNORME SOUFFLÉ AU GOUDA

TEMPS DE PRÉPARATION : 20 MINUTES - TEMPS DE CUISSON : 1 HEURE

POUR 6 PERSONNES

8 œufs bio
100 g de beurre doux
100 g de farine
80 cl de lait entier
200 g de gouda vieux
Noix de muscade
Sel fin et poivre du moulin
Beurre pommade pour le moule
Chapelure pour le moule

ÉTAPE 1

Beurre le moule de bas en haut et verse de la chapelure fine dedans pour recouvrir le beurre, fais bien le tour du moule, tape-le pour retirer l'excédent de chapelure (tu peux le faire avec de la farine, mais la chapelure apporte un côté croustillant). Casse les œufs, sépare les blancs des jaunes, garde-les séparément. Préchauffe ton four à 190 °C.

ÉTAPE 2

Dans une casserole, fais fondre le beurre sans coloration, ajoute la farine, forme un roux. Laisse cuire une vingtaine de minutes pour cuire l'amidon, ajoute le lait. Mélange bien à la spatule et laisse cuire en béchamel environ 5 minutes à feu doux sans cesser de remuer. Assaisonne avec du sel fin et du poivre du moulin, parfume de muscade râpée. Ajoute le fromage râpé. Mélange. Retire du feu, verse dans un saladier, laisse tiédir, puis incorpore les jaunes d'œufs, mélange de nouveau.

ÉTAPE 3

Monte les blancs en neige avant de les ajouter délicatement dans ta béchamel à la Maryse. La béchamel et les blancs doivent être à la même température. Verse dans le moule et enfourne pour 35 minutes.

ÉTAPE 4

Sors le soufflé et sers-le vite !

CONSEIL

Tu peux ajouter des copeaux de truffe à la saison d'hiver si tu aimes ça !

GRANDE PARMIGIANA

TEMPS DE PRÉPARATION : 20 MINUTES - TEMPS DE CUISSON : 20 MINUTES

POUR 6 PERSONNES

3 aubergines violettes lavées
2 tomates cœur de bœuf
4 boules de mozzarella
200 g de farine
200 g de coulis de tomate
¼ de botte de basilic frais
1 morceau de parmesan
Huile de tournesol pour la friture
Sel fin
Fleur de sel et poivre du moulin

ÉTAPE 1

Lave les aubergines et les tomates, coupe les pédoncules. Coupe les aubergines en tranches de 1 cm d'épaisseur et les tomates en tranches de 0,5 cm. Saupoudre les rondelles de tomate d'un peu de sel et dépose-les sur une grille pour que leur eau s'écoule. Coupe également la mozzarella en tranches de 0,5 cm et dépose-la sur un linge pour qu'elle sèche un peu.

ÉTAPE 2

Assaisonne les tranches d'aubergine avec de la fleur de sel et du poivre du moulin, dépose-les dans la farine, retire l'excédent de farine et fais-les frire à l'huile d'olive dans une poêle jusqu'à ce qu'elles soient bien dorées. Dépose-les ensuite sur un linge pour qu'elles s'égouttent.

ÉTAPE 3

Préchauffe ton four à 190°C.
Dans un grand plat, verse une cuillerée à soupe de coulis de tomate, dépose les tranches d'aubergine, puis les tranches de mozzarella et une feuille de basilic sur chaque rondelle par-dessus les rondelles de tomate. Termine par les tranches d'aubergine, une cuillerée à soupe de coulis de tomate et le reste de la mozzarella en morceaux. Finis le gratin avec du parmesan râpé.

ÉTAPE 4

Enfourne pour 20 minutes jusqu'à ce que le dessus du gratin soit bien doré. Programme le four en gril à 220 °C, parsème de parmesan râpé et remets le plat sous le gril du four 5 minutes.

CONSEIL

Tu peux faire le gratin la veille ou le matin pour le soir pour qu'il repose. Il sera meilleur.

TOURTE DE FOIE GRAS ET PIGEON

TEMPS DE PRÉPARATION : 1 HEURE - TEMPS DE RÉFRIGÉRATION : 2 HEURES
TEMPS DE CUISSON : 40 MINUTES

POUR 6 PERSONNES

3 coffres de pigeon
1 lobe de foie gras cru
1 disque de pâte feuilletée de 32 cm de diamètre
1 disque de pâte feuilletée de 24 cm de diamètre
1 disque de pâte feuilletée de 2 cm de diamètre
2 jaunes d'œufs bio
Fleur de sel
Sel fin et poivre du moulin

Pour la farce :
1 échalote
250 g de champignons de Paris
150 g de foies de volaille
Les parures de pigeon
½ botte de persil plat
150 g de pousses d'épinards
Huile d'olive
Sel fin et poivre du moulin

ÉTAPE 1

Lève les 6 suprêmes de pigeon ou demande au boucher de le faire, fais retirer la peau, garde bien les carcasses, les ailerons et les cuisses. Récupère la chair des cuisses et coupe-la en petits cubes. Retire les petits filets sous les suprêmes et coupe-les également en petits cubes.

ÉTAPE 2

Prépare la farce : épluche et cisèle l'échalote. Coupe les pieds terreux des champignons, lave-les dans l'eau tiède et hache-les. Dans une poêle avec quelques gouttes d'huile d'olive, fais revenir l'échalote, puis ajoute les champignons, sale et laisse cuire à feu moyen une dizaine de minutes.

ÉTAPE 3

Fais revenir sur feu vif à l'huile d'olive les foies de volaille salés et poivrés, ajoute les parures de pigeon, puis hache le tout. Effeuille le persil et hache-le. Dans une poêle chaude, à l'huile d'olive, fais cuire les pousses d'épinards, sale et laisse-les cuire jusqu'à ce que l'eau sorte des légumes. Égoutte-les et verse-les dans une passette. Hache-les. Dans un saladier, mélange les champignons, les épinards, le persil et les foies de volaille.

ÉTAPE 4

Assaisonne les filets de pigeon et dépose-les dans une poêle chaude juste pour saisir la peau et non pour les cuire, ce qui évitera de faire couler le sang pendant la cuisson dans la tourte. Taille 6 belles tranches de foie gras et assaisonne-les avec de la fleur de sel et du poivre du moulin. Dépose-les dans la poêle juste pour les colorer. Réserve le tout à température ambiante dans une assiette.

(suite de la recette, page suivante)

CONSEIL

- Tu peux remplacer le pigeon par du filet de bœuf en tranches.
- Tu peux tout préparer la veille (jusqu'au montage) et placer la tourte au réfrigérateur. Le lendemain, sors la tourte du réfrigérateur (attends 20 minutes afin qu'elle revienne à température ambiante). Puis, enfourne la tourte.

(suite de la recette) LA TOURTE DE FOIE GRAS ET PIGEON

ÉTAPE 5

Sur une plaque à pâtisserie recouverte d'une feuille en silicone, dépose le disque de pâte feuilletée de 24 cm, répartis la farce dessus en laissant 2 cm sur les bords, dépose les filets de pigeon en étoile, pointe vers l'intérieur, 1 escalope de foie gras sur chaque filet, et dépose le reste de la farce dans le centre et entre chaque filet de pigeon.

ÉTAPE 6

Fais un petit trou dans le grand disque de pâte feuilletée avec une douille unie de 12 mm. Recouvre l'assemblage de viande avec cette pâte, en soudant les bords sans faire de plis. Coupe le surplus de pâte qui dépasse. Dans le disque de pâte de 2 cm, fais un trou au centre avec la même douille, puis colle-le à l'emplacement du trou. Bats les jaunes d'œufs et dore au pinceau l'intégralité de la tourte. Chiquette les bords, forme un dessin avec l'envers de la lame d'un petit couteau sur le dessus. Laisse reposer 2 heures au frais.

ÉTAPE 7

Préchauffe ton four à 200 °C, puis enfourne la tourte pour 25 minutes.
Quand elle est bien dorée, sors-la et laisse reposer quelques minutes avant de la couper en 6 parts. Sers avec un jus de viande fait à partir des os des pigeons, une salade et une garniture de légumes de saison.

LASAGNES VERTES

TEMPS DE PRÉPARATION : 40 MINUTES - TEMPS DE CUISSON : 1 HEURE - TEMPS DE REPOS : 4 HEURES

POUR 8 PERSONNES

250 g de pousses d'épinards
1 cuil. à soupe de gros sel de cuisine
½ botte de basilic + ½ botte de persil plat
250 g de ricotta
3 boules de mozzarella
12 feuilles de pâte fraîche à lasagne
Huile d'olive
Sel fin et poivre du moulin

Pour la béchamel :
70 g de beurre doux
70 g de farine
1 litre de lait entier
50 g de parmesan râpé
Sel fin et poivre du moulin

ÉTAPE 1

Dans une casserole d'eau bouillante salée, plonge les pousses d'épinards et laisse-les cuire 3 minutes, égoutte-les et plonge-les dans un bain d'eau froide avec des glaçons. Fais la même chose pour les feuilles de basilic et de persil plat. Essore le tout à la main et dépose sur un linge propre.

ÉTAPE 2

Sur ta planche, dépose les herbes et les épinards et hache-les finement, puis mets-les dans une passette fine pour que le surplus d'eau s'égoutte. Mélange ensuite dans un saladier avec la ricotta. Assaisonne avec du sel fin et du poivre du moulin. Coupe les 3 boules de mozzarella en petits cubes et dépose-les sur un linge pour bien les égoutter.

ÉTAPE 3

Dans une casserole, fais fondre le beurre sans coloration, verse la farine et laisse cuire à feu très doux pendant 15 minutes. Verse le lait, mélange jusqu'à épaississement. Cuis 3 minutes, ajoute le parmesan râpé. Assaisonne ta béchamel. Fais cuire les pâtes à lasagne à l'eau bouillante salée pendant 3 minutes.

ÉTAPE 4

Préchauffe ton four à 190 °C. Huile un moule à cake, mets du papier sulfurisé tout autour. Chemise-le intégralement avec la pâte à lasagne cuite en dépassant de 5 cm de chaque côté (elle peut se superposer à certains endroits, ce n'est pas grave). Verse une fine couche de béchamel, répartis dessus le mélange légumes-ricotta, puis des cubes de mozzarella et couvre d'une couche de lasagne. Recommence jusqu'en haut et finis par une feuille de lasagne nappée de béchamel. Referme avec les bandes qui dépassent de chaque côté. Nappe d'huile d'olive.

ÉTAPE 5

Enfourne pour 35 minutes. Si le plat commence à colorer, dépose un papier d'aluminium dessus et continue la cuisson. Pour vérifier la cuisson, transperce les couches avec une aiguille à brider, ça doit être fondant. À la sortie du four, laisse reposer sur une grille au moins 4 heures. Mets ensuite le moule au réfrigérateur.

ÉTAPE 6

Sors le moule et démoule-le sur ta planche, coupe en tranches épaisses de 3 cm de large, dépose-les sur une plaque à pâtisserie recouverte d'une feuille de silicone et enfourne pour 15 minutes à 180 °C. Sers tout de suite. Tu peux saupoudrer de parmesan.

GRATIN DE TAGLIOLINI AU JAMBON ET PARMESAN

TEMPS DE PRÉPARATION : 10 MINUTES - TEMPS DE CUISSON : 20 MINUTES

POUR 6 PERSONNES

350 g de tagliolini sèches
6 fines tranches de jambon blanc
50 cl de crème liquide entière
100 g de parmesan râpé
+ 1 morceau
15 g de beurre demi-sel
1 cuil. à soupe de gros sel
de cuisine
Sel fin et poivre du moulin

ÉTAPE 1

Coupe les tranches de jambon en fines allumettes. Dans une casserole, verse la crème et fais-la bouillir. Quand elle a réduit de moitié, ajoute le parmesan râpé. Mélange bien et réserve.

ÉTAPE 2

Dans une casserole d'eau bouillante, verse le gros sel et porte à ébullition, plonge les pâtes et laisse-les cuire 2 minutes. Au terme de la cuisson, réserve quelques cuillerées à soupe d'eau de cuisson avant d'égoutter les pâtes.

ÉTAPE 3

Dans ta poêle ou ton wok, fais fondre le beurre, dépose le jambon, fais-le cuire 2 minutes sans coloration, puis ajoute les pâtes égouttées et mélange à la pince. Verse 1 cuillerée à soupe de crème au parmesan et 2 à 3 cuillerées à soupe d'eau de cuisson des pâtes.

ÉTAPE 4

Préchauffe ton four en gril à 200 °C. Dans un plat ou des assiettes un peu creuses mais plates, dépose les pâtes en les étalant, sale, poivre, verse dessus le reste de la crème au parmesan et râpe un peu de parmesan sur l'ensemble. Fais gratiner sous le gril du four 2 minutes.

CONSEIL

L'eau de cuisson contient de l'amidon et c'est ce qui permet d'avoir une sauce bien liée aux pâtes. Ça fait toute la différence !

RAVIOLIS CRÉMEUX, CRÈME DE MOULES AU CURCUMA

TEMPS DE PRÉPARATION : 1 HEURE - TEMPS DE REPOS : 4 HEURES MINIMUM - TEMPS DE CUISSON : 20 MINUTES

POUR 6 PERSONNES

Pour les raviolis :
36 feuilles carrées fraîches de pâte à raviole
1 cuil. à soupe d'eau

Pour la crème des raviolis :
300 g de mascarpone
Le zeste d'1 citron jaune bio
Sel fin et poivre du moulin

Pour la crème de moules :
500 g de moules
1 échalote
250 g de tomates cerises
¼ de botte de persil
10 cl de vin blanc
75 cl de crème liquide
1 pincée de curcuma en poudre
Huile d'olive

ÉTAPE 1

Étale les feuilles de pâte à raviole les unes à côté des autres. Dans un bol, mélange le mascarpone, le zeste de citron finement râpé, sale et poivre. Verse la farce dans une poche plastique sans douille et réserve au frais.
Au doigt, mouille légèrement les bords de la pâte, dépose au centre 1 cuillerée à café de farce et ferme en demi-lune en soudant bien les bords de la pâte. Dépose les raviolis au fur et à mesure dans une assiette recouverte de semoule (ça sert à éponger).

ÉTAPE 2

Nettoie les moules sous l'eau. Épluche et cisèle grossièrement l'échalote. Dans une casserole d'eau bouillante, plonge les tomates cerises quelques secondes, égoutte-les et plonge-les aussitôt dans un saladier d'eau froide avec des glaçons, retire la peau. Lave, effeuille et hache le persil.

ÉTAPE 3

Dans une sauteuse, verse un trait d'huile d'olive, ajoute l'échalote et le persil, puis les moules et le vin blanc. Couvre et laisse cuire 3 minutes. Au terme de la cuisson, retire le couvercle et verse les moules et le jus dans un saladier, décortique les moules et dépose-les dans un bol.

ÉTAPE 4

Passe le jus des moules à travers un linge propre. Verse-le dans la sauteuse nettoyée et fais réduire de moitié sur feu doux pendant le temps nécessaire. Ajoute la crème et le curcuma, laisse cuire à feu doux jusqu'à légère consistance nappante. Ajoute le persil et les tomates et laisse encore cuire à feu doux 2 à 3 minutes.

ÉTAPE 5

Dans une casserole d'eau bouillante, plonge les raviolis 2 minutes, égoutte-les et dépose-les directement dans la sauteuse avec la crème et les moules. Laisse cuire à feu doux 1 minute pour que la préparation se lie bien et sers.

ÉPAULE D'AGNEAU CONFITE

TEMPS DE PRÉPARATION : 30 MINUTES - TEMPS DE CUISSON : 5 HEURES

POUR 2 PERSONNES

1 épaule d'agneau de l'Aveyron de 800 g à 1 kg
50 g de beurre doux
2 gousses d'ail avec la peau (en chemise)
1 branche de thym frais
1 feuille de laurier
Huile d'olive
Fleur de sel et poivre du moulin

Pour le jus de cuisson :
300 g de sauté de veau ou d'agneau
30 g de beurre doux
1 oignon
1 branche de thym frais
1 feuille de laurier
1 cuil. à soupe de grains de poivre noir
Huile neutre

Pour le dressage :
1 écorce de citron confit
1 cuil. à soupe d'amandes effilées
¼ de botte de coriandre fraîche

ÉTAPE 1

Pour préparer le jus de cuisson, dans une sauteuse chaude, verse un trait d'huile, puis les morceaux de viande coupée en petits cubes, fais-les bien caraméliser et mélange pour que la cuisson soit homogène. Ajoute une belle noix de beurre pour augmenter la caramélisation et l'oignon émincé finement. Ajoute ensuite le thym, le laurier et le poivre en grains. Verse de l'eau à la moitié de la viande et laisse cuire sur feu très doux au moins 1 heure (il faut vérifier que cela n'accroche pas dans le fond de la sauteuse).

ÉTAPE 2

Demande au boucher qu'il prépare l'épaule d'agneau en la dégraissant et en retirant la palette, mais tu peux garder l'os du bout qui la tient. Préchauffe ton four à 130 °C. Assaisonne la viande avec de la fleur de sel et du poivre du moulin. Dans une cocotte chaude, verse un trait d'huile et commence à la colorer sur toutes les faces. Ajoute le beurre et continue la coloration, dépose les gousses d'ail en chemise écrasées avec la paume de la main, le thym et le laurier, arrose la viande.

ÉTAPE 3

Verse le jus de viande à hauteur et couvre la cocotte, enfourne pour 5 heures. N'oublie pas de vérifier au fur et à mesure la cuisson pour éviter que cela ne brûle au fond de la cocotte. Tu peux ajouter un peu d'eau si nécessaire.

ÉTAPE 4

Au terme de la cuisson, programme le four en gril à 200 °C, retire l'épaule de la cocotte et dépose-la dans un plat, passe le jus à travers une passette et verse-le sur l'épaule. Enfourne le temps de griller l'épaule, environ 10 minutes. Arrose de jus.

ÉTAPE 5

Au moment de servir l'épaule, dépose dessus une fine julienne d'écorce de citron confit, les amandes effilées préalablement toastées et des feuilles de coriandre. Sers l'épaule avec une salade, de la purée de pommes de terre ou de la semoule.

OSSO BUCO À L'ORANGE ET AU CUMIN, POLENTA À LA CORIANDRE

TEMPS DE PRÉPARATION : 20 MINUTES - TEMPS DE CUISSON : 1 H 30

POUR 6 À 8 PERSONNES

Pour l'osso buco :

6 tranches de jarret de veau avec l'os à moelle
2 oignons
5 gousses d'ail
Quelques brins de persil frais
2 brins de thym frais
1 feuille de laurier
30 g de beurre demi-sel
1 cuil. à soupe de cumin en poudre
20 cl de vin blanc sec
800 g de tomates concassées
3 oranges non traitées
Huile d'olive
Sel fin et poivre du moulin

Pour la polenta :

250 g de polenta à la farine de maïs précuite
40 g de beurre doux
1 litre de bouillon de volaille
2 cuil. à soupe de mascarpone
Quelques feuilles de coriandre

ÉTAPE 1

Épluche les oignons et l'ail. Cisèle les oignons finement et hache l'ail dégermé. Ficelle ensemble le persil, le thym et le laurier en bouquet garni. Garde tous les légumes séparément.

ÉTAPE 2

Dans une sauteuse chaude, verse un trait d'huile d'olive, ajoute une belle noix de beurre, laisse colorer légèrement, puis mets les tranches de viande assaisonnées avec du sel fin et du poivre du moulin, parsème de cumin en poudre. Colore la viande sur les faces. Dépose dans une assiette et garde la sauteuse sur feu doux avec le beurre de cuisson.

ÉTAPE 3

Dans la sauteuse chaude, verse les oignons, l'ail et fais-les revenir sans faire caraméliser pendant 5 minutes à feu doux. Ajoute le bouquet garni, puis les tranches de viande, déglace au vin blanc, laisse-le réduire, verse les tomates concassées, le zeste et le jus des oranges et laisse cuire 1 heure à feu doux à couvert (en vérifiant de temps en temps).

ÉTAPE 4

Dans une poêle, verse le beurre et donne-lui une couleur noisette, ajoute la polenta, mélange, verse le bouillon chaud et laisse cuire 4 à 5 minutes sur feu doux. Quand la polenta est à bonne consistance mousseuse, incorpore le mascarpone et mélange.

ÉTAPE 5

Au moment de servir, dépose l'osso buco dans un grand plat, et la polenta – que tu parfumes avec des feuilles de coriandre ciselées – dans un autre plat.

CONSEIL

Si, au moment de servir, la polenta s'est raffermie, fouette-la avec du bouillon.

POULET RÔTI À L'ORIGAN FRAIS ET CITRON

TEMPS DE PRÉPARATION : 15 MINUTES - TEMPS DE CUISSON : 1 H 30 À 1 H 45

POUR 4 À 6 PERSONNES

1 volaille jaune des Landes d'1,5 kg vidée
2 gros citrons jaunes non traités
1 tête d'ail avec la peau (en chemise)
5 brins d'origan frais
1 botte de thym frais
500 g de pommes de terre nouvelles
25 cl d'eau
100 g de beurre demi-sel
Huile de pépins de raisin
Sel fin et poivre du moulin

ÉTAPE 1

Préchauffe ton four à 190 °C.
Ouvre la tête d'ail à la main, récupère toutes les gousses et laisse la peau.

ÉTAPE 2

Dans la volaille assaisonnée avec du sel et du poivre, insère 1 citron jaune coupé en quartiers et des brins d'origan et de thym frais, puis ficèle la volaille. Dépose-la dans un grand plat sur les pommes de terre et les gousses d'ail en chemise, verse l'eau dans le fond du plat.
Ajoute les ¾ du beurre en cubes sur les pommes de terre. Arrose la volaille d'huile et nappe-la du reste de beurre pommade. Ajoute le reste des brins d'origan et de thym sur la volaille et, sur les pommes de terre, le 2e citron coupé en fines tranches de 0,5 cm d'épaisseur.

ÉTAPE 3

Glisse le plat au four et fais rôtir la volaille 1 h 30 à 1 h 45. Arrose-la du jus de cuisson pendant la cuisson à plusieurs reprises. Le poulet est cuit quand la peau est bien dorée et croustillante. Les pommes de terre doivent être fondantes.

ÉTAPE 4

Au terme de la cuisson, découpe la volaille en morceaux, remets la volaille découpée dans le plat avec les pommes de terre autour.

CONSEIL

Tu peux parfumer le poulet avec des feuilles de combu ou parsemer d'épices comme le cumin, le paprika, la coriandre en poudre. Verse une cuillerée de miel pendant la cuisson.

VOLAILLE ALBUFERA

TEMPS DE PRÉPARATION : 30 MINUTES - TEMPS DE CUISSON : 3 HEURES

POUR 6 PERSONNES

1 volaille fermière ou de Bresse de 2 kg
Gros sel de Guérande

Pour la garniture aromatique :
2 carottes
2 branches de céleri
1 oignon
3 clous de girofle
¼ de botte de thym
1 petit poireau
1 cuil. à soupe de grains de poivre noir

Pour le bouquet de légumes :
4 betteraves de couleurs
8 carottes fanes
8 navets de petite taille
2 courgettes
1 mini chou-fleur
50 g de beurre demi-sel
Sucre en poudre
Fleur de sel et poivre du moulin

ÉTAPE 1
Dans une grande marmite, dépose ta volaille entière ficelée et recouvre-la d'eau froide et de gros sel de Guérande. Porte à ébullition et baisse le feu, écume et laisse cuire 20 minutes.

ÉTAPE 2
Prépare la garniture aromatique : lave et épluche les légumes, coupe les carottes et le céleri en gros tronçons, pique l'oignon des clous de girofle, ficèle le thym avec les feuilles de céleri et le poireau. Ajoute la garniture aromatique avec la volaille dans la marmite et laisse cuire 1 h 30 à 2 heures selon la taille de la volaille, sur feu doux. Couvre à moitié.

ÉTAPE 3
Préchauffe ton four à 190 °C. Prépare ton bouquet de légumes. Lave les légumes d'accompagnement. Prépare une plaque à pâtisserie, dépose une grande feuille de papier d'aluminium (que tu vas utiliser en porte-feuille pour recouvrir les légumes). Dépose tous les légumes entiers sur la feuille de papier d'aluminium avec des noisettes de beurre, du sel, du poivre, du sucre et un verre d'eau. Puis, plie la feuille d'aluminium en porte-feuille (pour couvrir tous les légumes) et ferme tous les bords. Enfourne pour 45 minutes.

(suite de la recette, page suivante)

(suite de la recette) **VOLAILLE ALBUFERA**

Pour la sauce Albufera :

2 cuisses de volaille
10 cl de madère
10 cl de porto blanc
10 cl de cognac
5 grains de poivre noir
1 litre de crème liquide entière
50 g de foie gras de canard terrine
Huile de truffe blanche
1 cuil. à soupe de gros sel de Guérande
Sel fin et poivre du moulin

CONSEIL

Remplace l'huile de truffe blanche par de l'huile de truffe noire.

ÉTAPE 4

Pendant la dernière demi-heure de cuisson de la volaille, dans une casserole, fais réduire de moitié le madère, le porto et le cognac, puis plonge les cuisses de volaille, ajoute 2,5 litres de bouillon de volaille que tu as réservé en étape 1 et les grains de poivre. Laisse cuire 1 h 30 à petit feu et à couvert. Au terme de la cuisson, sors délicatement les cuisses de volaille et dépose-les dans un plat, tu peux les effilocher et les servir dans une salade plus tard.

ÉTAPE 5

Verse la crème dans la sauce et laisse cuire à feu doux jusqu'à ce que la sauce soit presque onctueuse. Hors du feu, ajoute le foie gras en cubes, puis mixe au mixeur plongeant. Rectifie l'assaisonnement. Parfume avec un peu d'huile de truffe. Réserve.

ÉTAPE 6

Sors la volaille du bouillon et dépose-la dans un plat de service. Sers à côté la sauce Albufera et les légumes cuits en papillote. Tu peux aussi la découper avant de la servir.

RÔTI DE VEAU, POMMES BOULANGÈRES

TEMPS DE PRÉPARATION : 30 MINUTES - TEMPS DE CUISSON : 1 H 30

POUR 4 À 6 PERSONNES

1 rôti de veau de 800 g
700 g de pommes de terre charlotte
250 g d'oignons roses de Roscoff
1 l d'eau + 1 cube de bouillon de volaille
50 g de beurre demi-sel fondu pour le plat et les pommes de terre + 15 g pour la cuisson du rôti
6 gousses d'ail avec la peau (en chemise)
4 brins de thym frais
1 feuille de laurier
Huile neutre
Fleur de sel et poivre du moulin

ÉTAPE 1
Épluche et lave les pommes de terre, taille-les en lamelles à la mandoline sans les repasser dans l'eau pour garder l'amidon. Dépose-les dans un saladier. Épluche les oignons et coupe les racines, taille en lamelles très fines. Garde-les dans un bol.

ÉTAPE 2
Prépare un bouillon de volaille en faisant chauffer l'eau dans une casserole avec le cube émietté. Préchauffe ton four à 180 °C.

ÉTAPE 3
Dans un plat de cuisson beurré, salé et poivré, étale en couches les lamelles de pomme de terre et d'oignon en mettant du beurre fondu, du sel et du poivre entre les légumes. Verse 2 louches de bouillon. Termine avec une couche de pommes de terre, verse le reste de beurre fondu, 1 louche de bouillon, sale, poivre, dépose les gousses d'ail en chemise, le thym et la feuille de laurier. Enfourne pour 45 minutes.

ÉTAPE 4
Huile légèrement l'intégralité du rôti en le massant, puis assaisonne avec de la fleur de sel et du poivre du moulin généreusement. Dépose le rôti dans une poêle chaude et fais-le colorer sur toutes les faces, ajoute le beurre sur le gratin de pommes boulangères après les 45 minutes de cuisson, puis remets au four pour 45 minutes.

ÉTAPE 5
Sors le plat du four, dépose le rôti sur ta planche et tranche-le, sers avec le gratin dans les assiettes.

CONSEIL

Si tu as une sonde, pique-la au centre du rôti. Pour une cuisson rosée parfaite, la température doit être de 55 °C.

POT-AU-FEU

TEMPS DE PRÉPARATION : 40 MINUTES - TEMPS DE CUISSON : 6 HEURES MINIMUM

POUR 6 À 8 PERSONNES

600 g de paleron de bœuf
500 g de gîte de bœuf
4 os à moelle
1 pied de veau fendu en deux
2 poireaux
3 branches de céleri
¼ de botte de thym
1 chou vert
4 carottes
2 oignons
4 petits navets
3 clous de girofle
2 cuil. à soupe de gros sel
1 cuil. à café de grains de poivre noir
2 feuilles de laurier
Vinaigre blanc
Moutarde pour servir
Fleur de sel et poivre du moulin

CONSEILS

- L'idéal est de le faire la veille. Réchauffe-le le lendemain, il sera meilleur.
- Garde le reste du bouillon et des légumes pour le soir avec des vermicelles.
- S'il te reste de la viande, prépare un ronron (recette p. 69).

ÉTAPE 1

Dépose les os à moelle dans un saladier avec de l'eau froide et un trait de vinaigre et laisse-les dégorger.

ÉTAPE 2

Lave bien les légumes, coupe les poireaux en deux, retire la terre. Ficelle les blancs de poireaux avec le céleri et le thym. Coupe le chou vert en deux et ficelle chaque moitié. Épluche les carottes et les oignons. Lave bien les navets (mais garde la peau). Pique les clous de girofle dans 1 oignon. Laisse tous les autres légumes entiers.

ÉTAPE 3

Dans une grande casserole d'eau froide, verse 1 cuillerée à soupe de gros sel, puis place la viande entière sans la couper (ou paleron et gîte ficelés ensemble) et le pied de veau fendu en deux. Porte à ébullition, puis écume à l'aide d'une petite écumoire. Retire la viande, jette l'eau et nettoie la casserole, remets la viande et verse de l'eau à une fois et demie la hauteur de la viande. Ajoute le poivre et le laurier, ainsi que les légumes, sauf le chou vert. Laisse cuire 4 à 5 heures minimum.

ÉTAPE 4

Plonge le chou et les os à moelle dans la casserole. Laisse cuire 1 heure encore sur feu doux. Goûte le bouillon et assaisonne si besoin.

ÉTAPE 5

Au moment de servir, dépose les légumes et la viande dans le plat, avec de la moutarde dans un ramequin. Goûte la viande et assaisonne de fleur de sel si besoin.

COUSCOUS ROYAL

TEMPS DE PRÉPARATION : 30 MINUTES - TEMPS DE CUISSON : 2 HEURES

POUR 12 PERSONNES

400 g de pois chiches secs
1 kg de viande d'agneau dans le gigot
1 kg d'oignons + 1 kg de navets
1 kg de courgettes + 1 kg de carottes
1 kg de céleri-branche + 1 kg de pommes de terre
½ cuil. à soupe de ras el-hanout
½ cuil. à soupe de cumin en poudre
½ cuil. à soupe de poivre moulu
½ cuil. à soupe de coriandre moulue
½ cuil. à soupe de paprika moulu
3 cuil. à soupe de concentré de tomate
1,5 kg de semoule moyenne
12 merguez + 12 cuisses de poulet fermier
¼ de botte de persil plat
Huile d'olive + huile de tournesol
Sel fin et poivre du moulin

Pour la harissa maison :
1 piment rouge
1 gousse d'ail
2 cuil. à soupe d'huile d'olive
Sel fin

ÉTAPE 1

La veille, mets à tremper les pois chiches dans de l'eau. Le lendemain, détaille la viande d'agneau en cubes. Lave et épluche les légumes. Cisèle les oignons, coupe les navets en deux ou en quatre, les courgettes, carottes, céleri et pommes de terre en gros morceaux. Prépare ta harissa en mélangeant le piment épépiné et émincé, l'ail haché, du sel et l'huile d'olive.

ÉTAPE 2

Dans une marmite, verse un trait d'huile de tournesol avec les oignons ciselés et la viande d'agneau, laisse revenir en colorant légèrement. Ajoute le céleri, les carottes, du sel, du poivre et la moitié des épices en poudre. Laisse cuire sur feu moyen et verse les pois chiches égouttés et le concentré de tomate. Mélange sur feu doux. Verse de l'eau à hauteur et laisse cuire 1 h 30.

ÉTAPE 3

Vérifie la cuisson de la viande et retire-la si elle est bien fondante. Ajoute les navets, laisse cuire 5 minutes, puis ajoute les courgettes et les pommes de terre, laisse cuire, toujours sur feu doux, 10 à 15 minutes. Ajoute le persil ciselé.

ÉTAPE 4

Verse la semoule dans le panier du couscoussier avec un trait d'huile d'olive et de l'eau juste pour mouiller la semoule. Place sur le bas du couscoussier où tu auras mis de l'eau. Quand la vapeur apparaît, retire du feu et sale. Transfère la semoule dans un saladier, ajoute un peu d'eau puis reverse dans le panier du couscoussier et laisse cuire en attendant que la vapeur apparaisse une seconde fois. Garde la semoule de côté.

ÉTAPE 5

Dans une poêle chaude, fais griller les merguez. Au four à 190 °C, fais cuire les cuisses de poulet avec le reste des épices, du sel, du poivre et de l'huile de tournesol pendant 30 à 40 minutes.

ÉTAPE 6

Dans un grand plat, dépose la semoule, par-dessus les légumes et le bouillon de cuisson, ajoute la viande et sers avec la harissa maison ou du commerce.

GROSSES LANGOUSTINES AU SATÉ

TEMPS DE PRÉPARATION : 20 MINUTES - TEMPS DE CUISSON : 8 MINUTES

POUR 6 PERSONNES

18 langoustines de belle taille
Huile d'olive

Pour le saté maison :
50 g de pignons de pin
100 g de cacahuètes
4 g de piment doux fumé
25 cl de lait de coco
60 g de pâte de curry rouge
4 g de sel fin
1 feuille de kaffir
1 cuil. à soupe d'huile de sésame grillé

Pour le service :
2 citrons verts non traités

ÉTAPE 1

Pour préparer le saté, fais torréfier les pignons et les cacahuètes avec le piment fumé dans une poêle quelques minutes à feu vif.
Dans une casserole, fais chauffer doucement le lait de coco. Dans un saladier, verse le lait de coco chaud sur les fruits secs torréfiés, ajoute la pâte de curry rouge, le sel fin, la feuille de kaffir et l'huile de sésame. Mixe le tout au blender et passe à la passette ou garde tel quel.
Si c'est trop épais, ajoute un peu de lait de coco. Réserve.

ÉTAPE 2

Coupe les langoustines en deux dans la longueur, retire les boyaux dans les corps et les têtes. Fais cuire les langoustines rapidement à feu vif dans une grande poêle avec un peu d'huile d'olive ou sur une plancha côté chair.

ÉTAPE 3

Sers aussitôt les langoustines chaudes nappées de sauce saté, avec des quartiers de citron vert.

CONSEIL

Tu peux mélanger le saté (30 g) avec un peu de beurre fondu (100 g). Tu peux ainsi napper les langoustines ou utiliser cette sauce avec un filet de bœuf grillé ou une côte de cochon rôti.

SOLE PANÉE

TEMPS DE PRÉPARATION : 20 MINUTES - TEMPS DE CUISSON : 40 MINUTES

POUR 4 PERSONNES

1 sole sans peau d'1 kg
1 échalote
200 g de tranches de pain de mie frais
30 g de beurre demi-sel
1 botte de persil haché
1 verre de vermouth blanc + 1 verre d'eau
100 g de beurre doux
Fleur de sel et poivre du moulin

ÉTAPE 1

Préchauffe ton four à 190 °C. Épluche et cisèle l'échalote. Enlève la croûte de la mie de pain, mixe-la. Tu vas obtenir une chapelure fraîche.

ÉTAPE 2

Au pinceau, beurre un grand plat à four qui peut contenir la sole entière. Dépose la sole et beurre-la en nappant généreusement (avec le beurre demi-sel), assaisonne avec de la fleur de sel et du poivre du moulin. Répartis autour du poisson l'échalote ciselée, le persil haché, puis la chapelure sur le poisson uniquement. Verse le verre de vermouth autour et le verre d'eau et enfourne pour 35 minutes.

ÉTAPE 3

Récupère le jus de cuisson avec la garniture qui se trouve autour du poisson cuit. Verse dans une casserole et monte avec le beurre doux froid en cubes pour faire une sauce onctueuse.

ÉTAPE 4

Retire délicatement les deux premiers filets de la sole, dépose dans un plat puis retire l'arête centrale. Replace les deux filets sur ceux du dessous ou mets le tout dans un plat. Sers la sauce à part ou autour de la sole.

CONSEIL

Sers cette sole avec des pommes de terre cuites à l'eau ou en robe des champs.
Tu peux aussi faire une garniture de légumes.

BROCHETTES DE POISSON

TEMPS DE PRÉPARATION : 30 MINUTES - TEMPS DE CUISSON : 3 À 4 MINUTES

POUR 12 BROCHETTES

8 tranches épaisses de saumon de 100 g
5 tranches épaisses de thon rouge de 100 g
5 tranches épaisses de sériole de 100 g
1 ananas Victoria
3 citrons verts non traités
3 piments verts jalapeño
12 piments de Padrón
Huile d'olive
Piment d'Espelette
Fleur de sel

Pour la sauce :
1 petit morceau de gingembre frais
1 gousse d'ail
4 branches de coriandre
4 branches de menthe
1 petit piment thaï rouge
4 cuil. à soupe de sauce nuoc-mâm
Le jus de 2 citrons verts
1 cuil. à soupe de vinaigre de riz
1 cuil. à café de sucre de canne blond

ÉTAPE 1

Coupe en cubes les tranches de poisson. Si tu veux avoir des cubes réguliers, garde les petits morceaux moins jolis pour faire un tartare. Épluche et coupe l'ananas Victoria de la même taille que le poisson. Coupe en quartiers, puis encore en deux les citrons verts. Taille les pédoncules des piments jalapeño et, par ce trou, retire les pépins à l'aide d'une pince, puis taille-les en fines tranches. Réserve-les.

ÉTAPE 2

Monte tes brochettes sur des piques en Inox ou en bois. Commence par le saumon, ajoute 1 morceau de citron, la sériole, 1 piment de Padrón, à nouveau le saumon, le thon rouge et finis par 1 cube d'ananas.
Fais le maximum de brochettes jusqu'à épuisement des ingrédients. Nappe d'huile d'olive au pinceau et réserve.

ÉTAPE 3

Épluche le gingembre et l'ail. Dégerme l'ail et râpe le gingembre. Dans ton mortier, commence à piler l'ail et le gingembre, ajoute les herbes et le piment rouge épépiné, continue à piler.
Dans un saladier, verse la sauce nuoc-mâm, le jus des citrons verts, le vinaigre de riz et le sucre. Mélange pour faire fondre le sucre. Ajoute ce mélange liquide au mélange pilé et écrase l'ensemble.

ÉTAPE 4

Fais griller les brochettes au barbecue 3 à 4 minutes. Assaisonne de fleur de sel et de piment d'Espelette. Ajoute les rondelles de jalapeño et sers-les avec la sauce.

CONSEILS

• Si tu n'as pas de mortier et pilon, hache les ingrédients et mélange-les dans un saladier.

• Tu peux faire cette recette avec les poissons de ton choix, ou seulement remplacer la sériole par un poisson blanc comme la dorade, l'espadon, le bar.

CAPONATA

TEMPS DE PRÉPARATION : 20 MINUTES - TEMPS DE CUISSON : 20 MINUTES

POUR 6 PERSONNES

230 g d'aubergines violettes
400 g de courgettes violon
200 g de brocoletti
250 g de coulis de tomates
1 oignon
¼ de botte de basilic
30 g d'olives taggiasche dénoyautées
50 g de câpres à l'huile d'olive
3 cuil. à soupe de vinaigre rubino
45 g de feuilles de câpres
30 g d'amandes blanches fraîches
Huile d'olive
Sel fin
Fleur de sel et poivre du moulin

ÉTAPE 1
Coupe les aubergines et les courgettes en cubes de 0,5 cm de côté (pense à couper les pédoncules). Coupe les sommités de brocoletti et fais-les blanchir 1 à 2 minutes à l'eau bouillante un peu salée, puis refroidis-les dans un bain d'eau froide, coupe les tiges en biseau. Épluche et cisèle l'oignon.

ÉTAPE 2
Dans une poêle chaude, verse de l'huile d'olive et fais cuire les aubergines pour qu'elles soient bien colorées, fais la même chose avec les courgettes et les tiges de brocoletti.

ÉTAPE 3
Dans une sauteuse, verse un filet d'huile d'olive et ajoute l'oignon. Fais-le suer sans coloration et ajoute le coulis de tomates avec la moitié des feuilles de basilic. Ajoute les aubergines, les courgettes et les tiges de brocoletti. Laisse cuire une quinzaine de minutes à feu moyen pour que le tout compote. Assaisonne avec de la fleur de sel et du poivre du moulin.

ÉTAPE 4
Coupe les olives en quartiers, égoutte les câpres. Quand le mélange est bien cuit, verse le vinaigre et mélange délicatement, ajoute les trois quarts des olives taggiasche et les trois quarts des câpres. Verse dans un saladier.

ÉTAPE 5
Dépose dessus harmonieusement le reste des olives, les sommités de brocoletti poêlées, les feuilles de câpres taillées en deux, les amandes fraîches coupées en morceaux et quelques feuilles de basilic.

CONSEIL

Déguste la caponata tiède ou froide (tu peux la laisser 30 minutes au réfrigérateur) avec une tranche de pain grillé.

RONRON

TEMPS DE PRÉPARATION : 20 MINUTES - TEMPS DE CUISSON : 40 MINUTES

POUR 8 PERSONNES

600 g de restes de la viande de pot-au-feu p. 56
600 g de pommes de terre
1 cuil. à soupe de gros sel
Le reste des légumes de pot-au-feu
3 cuil. à soupe de bouillon de pot-au-feu
40 g de beurre
¼ de botte de persil
100 g de chapelure de pain sèche
Fleur de sel et poivre du moulin

ÉTAPE 1

Lave bien les pommes de terre après les avoir épluchées et coupe-les en gros cubes, plonge-les dans une casserole d'eau froide et sale avec le gros sel. Porte à ébullition et laisse cuire 15 à 20 minutes. Pendant la cuisson des pommes de terre, prépare la viande.

ÉTAPE 2

Coupe ta viande afin qu'elle s'effiloche facilement et dépose-la dans une casserole avec les légumes coupés en petits cubes. Verse un peu de bouillon de pot-au-feu et mélange sur feu doux. La viande doit être très effilochée et le jus assez réduit.

ÉTAPE 3

Égoutte les pommes de terre et passe-les au moulin à légumes au-dessus de la viande. Mélange à la spatule, puis ajoute un peu de beurre et le persil préalablement haché. Verse encore du bouillon si c'est sec.
Assaisonne avec de la fleur de sel et du poivre du moulin. Préchauffe ton four à 180°C.

ÉTAPE 4

Transfère la préparation dans un grand plat à four, lisse bien à la fourchette le dessus et saupoudre de chapelure. Ajoute quelques noix de beurre. Enfourne pour 20 minutes jusqu'à ce que le gratin dore et croustille légèrement.
Sers tout de suite à la sortie du four.

CONSEIL

En principe, pour le ronron, il faut autant de viande que de pommes de terre, donc, si tu as des restes, pèse ta viande et prépare ensuite les pommes de terre.

CONSEIL

Tu peux utiliser cette méthode avec des légumes, il faut juste les cuire et mettre de l'eau, mais tu peux aussi conserver de cette manière des plats en sauce ou des plats de légumes.

POIVRONS CONFITS EN BOCAUX

TEMPS DE PRÉPARATION : 30 MINUTES - TEMPS DE CUISSON : 1 H 30
TEMPS DE REPOS : 1 HEURE

POUR 2 BOCAUX DE 3 LITRES

25 poivrons rouges
Huile d'olive
Sucre en poudre
Fleur de sel et poivre du moulin

Pour la marinade :
1 tête d'ail épluchée
1 botte de romarin frais lavé
120 g de grains de poivre noir
100 g de graines de coriandre
2,6 litres d'huile d'olive vierge et fruitée

ÉTAPE 1

Préchauffe ton four à 180 °C. Place sur la lèchefrite une grande feuille de papier d'aluminium. Sur le côté droit, dépose les poivrons lavés entiers, nappe-les d'huile d'olive, assaisonne avec de la fleur de sel et du poivre du moulin, sucre légèrement et replie dessus le côté gauche du papier d'alu pour former un portefeuille. Enfourne pour 25 minutes.
Au terme de la cuisson, laisse reposer sans ouvrir la feuille pendant 1 heure. Retire les poivrons du papier d'alu sans te brûler, retire le pédoncule, la peau et les pépins. Réserve dans un plat.
Plonge les gousses d'ail dans une casserole d'eau bouillante pour les blanchir. Égoutte-les et dépose-les dans un bol.

ÉTAPE 2

Lave les bocaux et les rondelles, plonge-les dans une grande casserole d'eau bouillante 1 minute pour les stériliser. Retire-les délicatement à l'aide d'une pince et d'une araignée pour éviter de te brûler. Dépose-les à l'envers sur un torchon propre pour qu'ils sèchent sans les toucher.
Retourne les bocaux et essuie bien les rebords et le couvercle avec un torchon propre.
Place les rondelles sur les couvercles, fais bien attention qu'il n'y ait pas d'eau.

ÉTAPE 3

Dans les bocaux, répartis les poivrons cuits, les feuilles de romarin, les grains de poivre et de coriandre, et les gousses d'ail.
Verse à hauteur l'huile d'olive, laisse 4 cm entre l'huile et le rebord du bocal.
Ferme les bocaux. Attention à ce qu'il n'y ait pas d'huile sur les rebords.

ÉTAPE 4

Si tu as un stérilisateur électrique ou à gaz, dépose les bocaux dans le fond de la cuve, coince-les avec les pinces adaptées, recouvre d'eau chaude et ferme le couvercle. Fais cuire à 100 °C pendant 1 heure. Si tu n'as pas de stérilisateur, dépose des torchons au fond de ta casserole, puis coince les bocaux pour qu'ils ne s'entrechoquent pas.
Recouvre-les d'eau et place le couvercle.
Fais cuire à ébullition (100 °C) pendant 1 heure.
Vérifie qu'il y ait toujours de l'eau.

ÉTAPE 5

Au terme de la cuisson, tu peux laisser refroidir les bocaux pour éviter de te brûler ou les retirer en faisant bien attention. Essaie de les ouvrir sans tirer la languette de la rondelle : si le couvercle ne s'ouvre pas, c'est que tu as réussi ta stérilisation. Retourne les bocaux sur le torchon propre et laisse refroidir. Étiquette tes bocaux, tu peux les garder longtemps dans une pièce fraîche et dans le noir.

FAIT MAISON

SUCRÉ

ŒUFS AU LAIT

TEMPS DE PRÉPARATION : 10 MINUTES - TEMPS DE CUISSON : 1 HEURE

POUR 6 À 8 PERSONNES

1 litre de lait entier
3 gousses de vanille
6 œufs bio
6 cuil. à soupe de sucre en poudre

ÉTAPE 1

Préchauffe ton four à 150 °C.

ÉTAPE 2

Dans une casserole, fais chauffer le lait avec les gousses de vanille fendues en deux et grattées. Dans un saladier, bats les œufs en omelette et ajoute le sucre, continue à fouetter. Verse le lait infusé et passé à la passette. Mélange bien.

ÉTAPE 3

Verse le tout dans ton plat à gratin. Enfourne pour 1 heure.

ÉTAPE 4

À la sortie du four, dépose-le sur une grille et laisse-le refroidir à température ambiante. Ces œufs au lait seront meilleurs le jour même et s'ils ne sont pas passés au frigo.

CONSEILS

• La différence avec la crème caramel ou la crème renversée, c'est que tu n'as pas de caramel et que tu dégustes les œufs au lait directement dans le plat.

• Attention à la cuisson : si le four est trop chaud ou si le plat reste trop longtemps en cuisson, il se formera des bulles (ou des yeux) dans le fond, c'est qu'il est trop cuit. Il peut se former une légère coloration sur le dessus.

PAIN AU CHOCOLAT À PARTAGER

TEMPS DE PRÉPARATION : 1 HEURE - TEMPS DE RÉFRIGÉRATION : 4 HEURES
TEMPS DE REPOS : 2 HEURES - TEMPS DE CUISSON : 25 MINUTES

POUR 6 PERSONNES (1 COURONNE)

500 g de farine T45
+ pour le plan de travail
62 g de sucre en poudre
35 g de beurre doux froid
+ 20 g pour le moule
10 g de sel fin
15 cl d'eau
22 g de levure de boulanger fraîche
105 g de lait entier
340 g de beurre
20 bâtons de chocolat

Pour la dorure :
1 œuf bio + 1 jaune
1 cuil. à soupe d'eau

ÉTAPE 1

La veille, dans la cuve du batteur à main muni du crochet, mélange le sucre et le beurre coupé en cubes, la farine et le sel fin. Ajoute un par un : l'eau, la levure et le lait. Pétris pendant 4 minutes à petite vitesse, puis un peu plus vite pendant 3 minutes.
Dépose la pâte sur le plan de travail propre et fariné. Étale-la en un rectangle de 15 mm d'épaisseur.

ÉTAPE 2

Avec le beurre, forme un rectangle d'un tiers du rectangle de pâte et place-le au centre, puis ferme la pâte en forme de portefeuille. Laisse reposer 1 heure au réfrigérateur. Ensuite, donne un premier tour : étale la pâte, replie-la en portefeuille, puis place au frais de nouveau pendant 1 heure. Refais deux fois cette manipulation avec le même temps de repos. Il faut toujours tourner la pâte d'un quart de tour dans le sens des aiguilles d'une montre ; comme ça le pliage n'est jamais le même.

ÉTAPE 3

Étale la pâte et coupe 10 rectangles de 8 cm de large et de 12 cm de long. Place le 1er bâton de chocolat à une extrémité du rectangle, puis roule pour recouvir de pâte le 1er bâton puis ajoute le 2e baton de chocolat et roule à nouveau. Coupe les pains au chocolat en deux. Fais fondre les 20 g de beurre et graisse au pinceau un moule en papier. Dépose en couronne les feuilletés avec le chocolat vers le haut, ils ne doivent pas toucher les bords. Laisse pousser sur la plaque à pâtisserie à température ambiante recouvert d'un linge humide pendant 2 heures.

ÉTAPE 4

Préchauffe ton four à 180 °C. Mélange l'œuf, le jaune et l'eau dans un bol. À l'aide de ton pinceau, applique une fine couche de dorure sur le feuilleté. Enfourne le feuilleté 20 à 25 minutes jusqu'à ce qu'il soit bien doré.

YAOURTS VANILLE MAISON

TEMPS DE PRÉPARATION : 20 MINUTES - TEMPS D'INFUSION : 6 HEURES
TEMPS DE CUISSON : 2 H 30 - TEMPS DE REPOS : 3 HEURES
TEMPS DE RÉFRIGÉRATION : 3 HEURES

POUR 8 YAOURTS DE 125 G

1 litre de lait entier bio frais
3 gousses de vanille
1 yaourt nature bio de très bonne qualité de 125 g
12 cl de crème fraîche entière
2 cuil. à soupe de lait en poudre

ÉTAPE 1

La veille, dépose dans le lait entier les gousses de vanille fendues en deux et grattées. Le lendemain, fais bouillir le lait dans une casserole avec la vanille, au minimum 20 minutes à feu doux, puis laisse-le tiédir. Passe le lait vanillé à la passette fine.

ÉTAPE 2

Dans un saladier, dilue le yaourt nature bio dans le lait tiède, mélange bien sans fouetter pour que la préparation soit bien homogène. Ajoute la crème et mélange doucement. Verse le lait en poudre, le yaourt sera plus ferme.

ÉTAPE 3

Préchauffe ton four à 45 °C. Plonge les pots de yaourt et les couvercles dans une casserole d'eau bouillante et laisse-les 3 minutes, puis égoutte-les sur un torchon. Lorsqu'ils sont froids et secs, remplis de préparation en laissant 1 cm avant le bord. Dépose les pots de yaourt dans un plat allant au four avec, au fond du plat, une feuille de papier sulfurisé. Verse de l'eau froide autour. Recouvre ensuite le plat avec du papier d'aluminium. Laisse fermenter 2 heures dans le four. Puis, sans ouvrir la porte, éteins le four et laisse reposer 3 heures.

ÉTAPE 4

Sors les yaourts du four et laisse-les refroidir dans le plat. Mets les couvercles et place tes yaourts au frais 3 heures avant de les déguster.

CONSEILS

- Tu peux garder les yaourts au frais 2 semaines.
- Tu peux les aromatiser avec du chocolat en poudre ou du zeste de citron, de la crème de marrons, etc., mais évite les fruits frais qui pourront rendre de l'eau et faire échouer la fermentation à cause de leur acidité.

BANANA BREAD

TEMPS DE PRÉPARATION : 10 MINUTES - TEMPS DE CUISSON : 50 MINUTES
TEMPS DE REPOS : 30 MINUTES

POUR 6 PERSONNES

3 bananes entières épluchées

Pour le caramel :
100 g de sucre en poudre
13 g de beurre doux froid
50 g de crème liquide entière à 33 % de MG
2 g de fleur de sel de Guérande

Pour l'appareil :
200 g de bananes épluchées
150 g de sucre cassonade
160 g de farine T45
8 g de levure chimique en poudre
100 g de beurre doux
2 œufs bio
70 g de noisettes blanchies

ÉTAPE 1

Dépose un cercle de papier sulfurisé dans le fond du moule à manqué. Épluche et coupe les 3 bananes dans le sens de la longueur, puis dépose-les côté plat dans le fond du moule. Tu dois bien garnir le fond du plat en utilisant des demi-bananes pour les côtés.

ÉTAPE 2

Dans une sauteuse, verse le sucre et laisse se former un caramel blond à sec sans le remuer, ajoute ensuite, hors du feu, le beurre froid coupé en petits cubes, mélange en remuant la sauteuse, puis verse la crème, attention à la vapeur qui s'échappe de la casserole. Termine avec la fleur de sel. Verse le caramel décuit sur les bananes.

ÉTAPE 3

Préchauffe ton four à 155 °C.
Dans un saladier, écrase à l'aide d'une fourchette les bananes épluchées, puis ajoute le sucre, la farine et la levure. Mélange à la spatule, ajoute le beurre préalablement fondu et les œufs, puis les noisettes hachées.

ÉTAPE 4

Verse l'appareil dans le moule et tasse légèrement en tapotant sur ton plan de travail. Enfourne pour 45 minutes.

ÉTAPE 5

Au terme de la cuisson, dépose le moule sur une grille et laisse reposer 30 minutes, puis démoule sur un plat et retire la feuille de papier sulfurisé.

CONSEILS

- Attends vraiment que le gâteau refroidisse pour le démouler, sinon tu risques de le casser.
- Tu peux remplacer les noisettes par des noix de pécan ou encore des pépites de chocolat.

SAINT-HONORÉ EN NUMBER CAKE

TEMPS DE PRÉPARATION : 1 H 30 - TEMPS DE CUISSON : 1 H 30
TEMPS D'INFUSION : 10 MINUTES - TEMPS DE RÉFRIGÉRATION : 30 MINUTES

POUR 8 À 10 PERSONNES

1 pâte feuilletée de 1,5 mm d'épaisseur en carré de 25 cm de côté
400 g de pâte à choux (voir recette p. 87)
1 patron en carton en forme de nombre

Pour la crème pâtissière :
2 feuilles de gélatine
44 cl de lait entier
2 gousses de vanille
40 g de sucre en poudre
80 g de jaunes d'œufs bio
80 g de Maïzena®
30 g de beurre doux

Pour la crème Chantilly :
30 cl de crème liquide entière à 33 % de MG
20 g de sucre glace
½ gousse de vanille

Pour le sucre cuit :
260 g de sucre en poudre
12 cl d'eau
65 g de glucose

ÉTAPE 1

Préchauffe le four à 175 °C. Dépose la pâte feuilletée sur une plaque à pâtisserie recouverte de papier sulfurisé humide, pique-la. Enfourne pour 40 minutes. Au terme de la cuisson, découpe à l'aide d'un couteau et du patron en carton.

ÉTAPE 2

Baisse la température du four à 160 °C. Prépare ta pâte à choux et poche 14 choux de 2 cm de diamètre espacés sur une plaque recouverte de papier sulfurisé. Enfourne pour 25 minutes sans jamais ouvrir la porte du four.
Laisse refroidir tes choux sur une grille.

ÉTAPE 3

Pour la crème pâtissière : mets à tremper la gélatine dans de l'eau froide pendant 20 minutes. Dans une casserole, fais chauffer le lait à frémissement avec les gousses de vanille fendues en deux et grattées, puis couvre et laisse infuser 10 minutes. Mélange le sucre, les jaunes d'œufs et la Maïzena®. Filtre à la passette l'infusion de lait en fouettant, puis remets le tout à cuire à ébullition pendant 3 minutes. Hors du feu, incorpore la gélatine pressée, le beurre coupé en petits cubes et réserve la crème au réfrigérateur filmée au contact juqu'à refroidissement.

ÉTAPE 4

Dans un saladier bien froid ou la cuve d'un batteur, monte la crème liquide bien froide en chantilly, ajoute le sucre glace et la pulpe de la vanille. Prélèves-en un quart et mélange avec la crème pâtissière bien froide et fouettée. Verse cette crème dans une poche avec une douille de petite taille. Verse le reste de la crème pâtissière dans une autre poche avec une douille de taille 12. Puis la chantilly dans une poche avec une douille saint-honoré.

ÉTAPE 5

Garnis les choux troués sur le côté plat avec la crème pâtissière détendue à la chantilly. Prépare le sucre cuit : dans une casserole, porte à ébullition l'eau et le sucre. Ajoute le glucose et fais-le cuire jusqu'à 155 °C. Laisse reposer 3 minutes hors du feu avant de tremper le haut des choux dans le sucre cuit, puis dépose-les sur une grille.

ÉTAPE 6

Tapisse le feuilletage froid de crème pâtissière, dépose des quenelles de chantilly. Dispose les choux tout le long du gâteau.

CONSEIL

Entre la crème pâtissière et la chantilly, tu peux mettre du praliné noisettes (voir la recette du paris-brest, p. 87).

GÂTEAU À ÉTAGES AU CHOCOLAT

TEMPS DE PRÉPARATION : 30 MINUTES - TEMPS DE CUISSON : 30 MINUTES
TEMPS DE RÉFRIGÉRATION : 4 HEURES

POUR 12 PERSONNES

Pour la ganache montée au chocolat :
2 feuilles de gélatine
420 g de crème liquide entière à 33 % de MG
100 g de chocolat noir
50 g de chocolat au lait

Pour le biscuit moelleux :
2 jaunes d'œufs bio
3 blancs d'œufs bio
42 g de sucre en poudre
1 pincée de sel fin
22 g de farine
2 g de cacao en poudre
22 g de Maïzena®
3 cl de lait entier
2 cl d'huile d'olive

Pour la sauce au chocolat (facultatif) :
9 cl de lait entier
10 cl de crème liquide entière à 33 % de MG
30 g de sucre en poudre
120 g de gianduja

ÉTAPE 1

Pour la ganache, fais tremper la gélatine dans de l'eau froide pendant 20 minutes.
Dans une casserole, fais bouillir la moitié de la crème, ajoute la gélatine égouttée. Verse en trois fois sur les deux chocolats concassés afin de réaliser une ganache, ajoute ensuite le reste de crème liquide froide. Mixe et conserve au réfrigérateur pendant 3 à 4 heures.

ÉTAPE 2

Pour le biscuit, préchauffe ton four à 180 °C. Fouette les jaunes d'œufs et la moitié du sucre pour que le mélange soit bien mousseux. Monte les blancs en neige avec le reste du sucre et le sel fin. Mélange la farine, le cacao et la Maïzena®. Dans un bol, mélange le lait et l'huile, puis verse dans le mélange jaunes et sucre. Ajoute ensuite le mélange de poudres. Incorpore les blancs montés à la Maryse et verse dans un moule à chiffon cake de 15 cm de diamètre. Enfourne pour 30 minutes. Au terme de la cuisson, retourne le moule et laisse refroidir.

ÉTAPE 3

Monte la crème au chocolat en chantilly et réserve-la dans une poche munie d'une douille de taille 12. Quand le biscuit est bien froid, démoule-le, puis coupe-le en tranches dans l'épaisseur. Dépose la première tranche sur un plat, recouvre de ganache, puis monte le gâteau à étages et finis par du biscuit sans crème. S'il t'en reste, tu peux en mettre tout autour du gâteau.

ÉTAPE 4

Si tu veux accompagner ton gâteau de sauce au chocolat, fais bouillir le lait, la crème et le sucre, verse sur le gianduja en plusieurs fois et mixe au mixeur plongeant.
Réserve au frais, puis fais réchauffer la sauce au bain-marie ou au micro-ondes au moment de la dégustation.

CONSEIL

Tu peux faire le même gâteau avec une chantilly vanille et des fraises ou des framboises, avec de la crème au thé matcha.

PARIS-BREST

TEMPS DE PRÉPARATION : 1 H 30 - TEMPS DE RÉFRIGÉRATION : 1 HEURE
TEMPS D'INFUSION : 10 MINUTES - TEMPS DE CUISSON : 45 MINUTES

POUR 6 PERSONNES

Pour la pâte à choux :
20 cl de lait entier
75 g de beurre doux
2 g de sel fin
3 g de sucre en poudre
90 g de farine T55
2 gros œufs bio

Pour la dorure :
1 œuf + 1 jaune d'œuf bio
1 cuil. à soupe d'eau
15 g d'amandes blanches effilées

ÉTAPE 1

Porte à ébullition le lait avec le beurre froid coupé en cubes, le sel et le sucre dans une casserole sans faire réduire, retire la casserole du feu et ajoute la farine, mélange à la spatule 1 à 2 minutes, puis remets la casserole sur feu doux et fais dessécher, 3 à 4 minutes, pour que la pâte soit bien homogène, elle aura un effet mousseux avec beaucoup de volume, elle paraîtra très moelleuse.
Verse la pâte dans le bol d'un batteur avec la feuille (ou utilise un saladier et un fouet). Fais tourner sur la vitesse 2 pour refroidir 2 à 3 minutes, puis incorpore petit à petit les œufs battus en omelette, laisse tourner 3 à 4 minutes entre chaque ajout d'œufs. Arrête quand la texture est au ruban. Ta pâte à choux doit être bien jaunâtre, crémeuse mais assez dure pour être pochée.

ÉTAPE 2

Préchauffe ton four à 210 °C. Sur une plaque recouverte de papier sulfurisé, dresse la pâte à l'aide d'une poche plastique munie d'une douille unie de taille 22, en forme de couronne en 3 cercles épais collés les uns aux autres, puis par-dessus 2 cercles, puis 1 cercle. Bats dans un bol l'œuf, le jaune et l'eau pour la dorure. Dore au pinceau, parsème d'amandes effilées et enfourne pour 35 minutes sans jamais ouvrir le four. La pâte doit être dure et dorée, fais-la refroidir sur une grille.

(suite de la recette, page suivante)

(suite de la recette) **PARIS-BREST**

Pour la crème pralinée :
1 feuille de gélatine
22 cl de lait entier
1 gousse de vanille
40 g de sucre en poudre
2 œufs bio
20 g de Maïzena®
165 g de beurre doux froid
150 g de praliné noisettes maison (voir conseil à la fin de la recette)

Pour la finition :
25 g de noisettes concassées et torréfiées
3 cuil. à soupe de praliné noisettes maison
Sucre glace

CONSEIL

Tu peux faire le paris-brest avec du praliné à la noix de pécan, à la pistache ou même au sésame. Pour faire ton praliné noisettes, fais chauffer 3,5 cl d'eau avec 120 g de sucre en poudre à 117 °C (il te faut un thermomètre à sucre), verse 190 g de noisettes torréfiées chaudes et 1 pincée de fleur de sel, mélange à la spatule et fais sabler. Quand les noisettes sont un peu brunes, débarrasse sur ton plan de travail recouvert d'une feuille de silicone. Laisse refroidir sans toucher, puis mixe au blender pour obtenir une crème onctueuse.

ÉTAPE 3

Fais tremper la gélatine dans de l'eau froide 20 minutes. Dans une casserole, fais chauffer le lait à frémissement avec la gousse de vanille fendue en deux et grattée. Laisse infuser 10 minutes hors du feu et à couvert. Mélange le sucre avec les jaunes d'œufs, puis ajoute la Maïzena®, verse le lait infusé à travers une passette, reverse dans la casserole et fais cuire 3 minutes sur feu doux. Retire du feu et ajoute 15 g de beurre, la gélatine pressée, puis le praliné. Mélange pour obtenir une crème bien lisse. Réserve-la au frais 1 heure filmée au contact. Verse le reste du beurre froid coupé en petits cubes et fais-le monter, puis ajoute la crème pralinée. Tu obtiendras une crème brillante et veloutée. Verse-la dans une poche plastique munie d'une douille unie de taille 22. Réserve au frais.

ÉTAPE 4

Coupe la pâte à choux cuite en deux de manière horizontale, afin d'obtenir une base et un chapeau. Verse un trait de praliné noisettes dans le fond de la pâte, puis poche des boules de crème pralinée sur deux lignes en quinconce. Dépose entre les boules des noisettes concassées et, dans les boules, du praliné noisettes. Dépose le chapeau. Saupoudre de sucre glace.

CHARLOTTE AUX FRAMBOISES À LA VANILLE

TEMPS DE PRÉPARATION : 1 HEURE - TEMPS DE CUISSON : 15 MINUTES
TEMPS D'INFUSION : 20 MINUTES - TEMPS DE RÉFRIGÉRATION : 4 HEURES

POUR 12 PERSONNES

Pour la crème à la vanille :
2 feuilles de gélatine
27 cl de crème liquide entière à 33 % de MG
1 gousse de vanille
70 g de chocolat blanc

Pour le biscuit à la cuillère :
5 œufs bio
150 g de sucre en poudre
160 g de farine
25 g de Maïzena®
1 cuil. à soupe de sucre glace

Pour le confit de framboises :
200 g de framboises fraîches
Le jus d'1 citron jaune
75 g de sucre

Pour le montage :
125 g de framboises (soit 24 comme sur la photo)
Quelques amandes effilées et caramélisées
1 cuil. à soupe de sucre glace

ÉTAPE 1

Pour la crème à la vanille, fais tremper la gélatine dans de l'eau froide pendant 20 minutes. Dans une casserole, fais bouillir la moitié de la crème, ajoute la gousse de vanille fendue et grattée, filme la casserole et laisse infuser 20 minutes. Prélève la gousse, redonne un bouillon. Verse en trois fois sur le chocolat concassé afin de réaliser une ganache, puis ajoute le reste de crème liquide froide.
Mixe et conserve au réfrigérateur 3 à 4 heures. Quand la crème est bien prise, verse-la dans la cuve de ton batteur et monte-la en chantilly. Verse-la dans une poche munie d'une douille saint-honoré ou coupe la poche en biseau.

ÉTAPE 2

Pour le biscuit à la cuillère, préchauffe ton four à 165 °C. Sépare les blancs des jaunes d'œufs. Mélange les jaunes avec 100 g de sucre et monte-les au batteur à l'aide d'un fouet. Dans un autre saladier, monte les blancs d'œufs avec 50 g de sucre. Tamise la farine et la Maïzena® ensemble, incorpore au mélange de jaunes, puis ajoute les blancs montés. Verse dans une poche sans douille.

ÉTAPE 3

Sur une feuille de papier cuisson, dessine un rectangle (35 cm x 12 cm). Retourne le papier et dépose-le sur une plaque de cuisson. Poche le biscuit en suivant le tracé sur la feuille de cuisson. Saupoudre de sucre glace. Enfourne pour 15 minutes. Laisse refroidir sur une grille.

ÉTAPE 4

Pour le confit de framboises : dans une casserole, fais cuire à petit frémissement les framboises, le jus de citron et le sucre.
La préparation doit être comme une marmelade, passe-la à la passette fine si tu ne veux pas garder les pépins. Laisse refroidir avant utilisation. Verse dans une poche sans douille, tu couperas un petit trou au moment de dresser le gâteau.

ÉTAPE 5

Dépose le biscuit cuillère sur un plat de service, saupoudre les bords de sucre glace. Étale un peu de confit de framboises au milieu en appuyant légèrement, poche la crème vanille en serpentin, dépose les framboises à l'envers de chaque côté de la crème. Dépose un point de confit dans les framboises et décore avec des amandes effilées.

GÂTEAU DE CRÊPES AUX FRAISES

TEMPS DE PRÉPARATION : 30 MINUTES - TEMPS DE REPOS : 30 MINUTES
TEMPS DE CUISSON : 35 MINUTES - TEMPS DE RÉFRIGÉRATION : 2 HEURES

POUR 8 À 12 PERSONNES

600 g de fraises fraîches (dont quelques fraises pour la décoration)
Sucre glace

Pour la pâte à crêpes :
500 g de farine
1 sachet de levure chimique
4 cuil. à soupe de sucre en poudre
1 pincée de sel fin
90 cl de lait entier tiède
8 œufs bio
50 g de beurre doux fondu
Huile neutre pour la cuisson

Pour la crème à la vanille :
60 cl de crème liquide entière à 33 % de MG
60 g de sucre glace
2 gousses de vanille
500 g de fromage blanc

ÉTAPE 1

Pour la pâte à crêpes, mélange la farine avec la levure chimique, le sucre et le sel fin, ajoute la moitié du lait, fouette, incorpore 4 œufs, mélange, puis ajoute le reste du lait et le reste des œufs. Ajoute le beurre fondu. Réserve la pâte 30 minutes à température ambiante.

ÉTAPE 2

Dans une poêle à crêpes chaude, passe un papier humidifié d'huile neutre et fais cuire tes crêpes.
Tu peux réaliser environ 14 crêpes légèrement épaisses. Dépose-les dans une assiette.

ÉTAPE 3

Dans un saladier bien froid, verse la crème liquide bien froide, commence à la monter au batteur, ajoute le sucre et la pulpe des gousses de vanille fendues et grattées. Ajoute doucement le fromage blanc et continue à monter la crème. Réserve-la au frais.

ÉTAPE 4

Équeute et coupe les fraises en rondelles.
Dépose un moule à gâteau rond de la taille des crêpes avec un fond amovible sur un plat. Mets au fond un disque de papier sulfurisé de la même taille.
Dépose une première crêpe, nappe de crème à la vanille, dépose des fraises et recouvre avec une crêpe, renouvelle jusqu'en haut du moule pour finir par une crêpe. Place au frais 2 heures.

ÉTAPE 5

Retire le moule délicatement en gardant la main sur la plaque qui soutient le gâteau, dépose-le dans un beau plat. Dépose quelques fraises découpées en quartier et saupoudre de sucre glace.

CONSEILS

- Pense à utiliser un moule de la taille de ta poêle à crêpes pour facilement réaliser ton gâteau.
- Tu peux faire cette recette avec une crème au thé matcha ou nature, avec du chocolat en copeaux..., et tu peux aussi changer les fruits.

TARTE AUX FRAISES

TEMPS DE PRÉPARATION : 45 MINUTES - TEMPS DE CUISSON : 25 MINUTES
TEMPS DE RÉFRIGÉRATION : 4 H 30

POUR 4 À 6 PERSONNES

Pour la pâte à tarte sans gluten :
200 g de farine de riz
50 g de beurre doux mou + 10 g pour le moule
1 jaune d'œuf bio
3 cl d'eau
Le zeste d'1 citron jaune bio

Pour la crème de pistache :
60 g de beurre doux mou
70 g de sucre glace
75 g de poudre de pistaches
1 œuf bio
1 cuil. à café de rhum ambré

Pour le confit de fraise :
200 g de fraises fraîches
Le jus d'1 citron jaune bio
75 g de sucre en poudre

Pour le montage :
1 trentaine de fraises Dream

ÉTAPE 1

Prépare la pâte à la main dans un saladier : verse la farine, puis forme une cavité et dépose le beurre en petits cubes. Mélange pour obtenir une pâte cassante, ajoute le jaune d'œuf et l'eau petit à petit. Ajoute le zeste de citron et pétris quelques minutes pour obtenir une pâte lisse. Forme une boule, filme-la et laisse-la reposer 2 heures au frais.

ÉTAPE 2

Fais fondre et refroidir le beurre pour beurrer le moule. Préchauffe ton four à 165 °C.
Sors la pâte et la plaque à pâtisserie du réfrigérateur. Étale la pâte au rouleau entre deux feuilles de papier sulfurisé à 2,5 mm d'épaisseur et remets 15 minutes au frais sur la plaque à pâtisserie froide pour qu'elle soit bien plate.

ÉTAPE 3

Pour la crème de pistache : dans un saladier ou la cuve de ton batteur avec la feuille, mélange le beurre coupé en petits cubes avec le sucre glace, puis ajoute la poudre de pistaches, mélange, incorpore l'œuf à température ambiante et le rhum. Mélange de nouveau. Réserve au frais.

ÉTAPE 4

Reprends le procédé du confit de framboises de la charlotte p. 90 pour réaliser le confit de fraises. Laisse refroidir, puis garde dans des pots au frais.

ÉTAPE 5

Dépose la pâte au fond du moule à tarte et fonce-la. Passe le rouleau sur les bords pour égaliser, pique le fond avec une fourchette, place 10 minutes au frais. Au fond de la tarte, étale la crème de pistache. Enfourne pour 25 minutes. Au terme de la cuisson, dépose sur une grille. Démoule délicatement le fond de tarte, laisse refroidir complètement.

ÉTAPE 6

Dépose le confit de fraises sur la tarte et nappe à l'aide d'une spatule coudée.
Range harmonieusement dessus les fraises entières et équeutées et réserve au frais 2 heures avant de servir.

LA BELLE TARTE AU CITRON YUZU MERINGUÉE

TEMPS DE PRÉPARATION : 30 MINUTES - TEMPS DE RÉFRIGÉRATION : 1 H 10
TEMPS DE CUISSON : 30 MINUTES

POUR 4 À 6 PERSONNES

Pour la pâte sucrée :
40 g de poudre d'amandes
200 g de farine
1 g de fleur de sel
10 g de sucre en poudre
120 g de beurre pommade + pour le moule
1 œuf bio
3 cuil. à soupe d'eau
1 zeste de citron yuzu ou en poudre

ÉTAPE 1

Prépare la pâte sucrée dans un robot multifonction, au batteur muni d'une feuille ou à la main dans un saladier : mélange la poudre d'amandes, la farine, la fleur de sel et le sucre. Ajoute le beurre pommade. Mélange de nouveau et incorpore l'œuf, l'eau et le zeste de citron, laisse battre doucement. Retire la pâte du batteur et dépose-la sur un papier sulfurisé. Replie le papier et place la pâte ainsi qu'une plaque à pâtisserie au frais 15 minutes. Fais fondre et refroidir du beurre pour beurrer le moule.

ÉTAPE 2

Sors la pâte et la plaque à pâtisserie du réfrigérateur. Étale la pâte au rouleau entre deux feuilles de papier sulfurisé à 2,5 mm d'épaisseur et remets 15 minutes au frais sur la plaque à pâtisserie froide pour qu'elle soit bien plate.

ÉTAPE 3

Dépose la pâte au fond du moule à tarte et fonce-la, passe le rouleau sur les bords pour égaliser. Pique le fond de la pâte avec une fourchette. Dépose 10 minutes au frais. Préchauffe ton four à 175 °C.
Sur le fond de tarte, place une feuille de papier sulfurisé plus grand de 5 cm et ajoute des billes de cuisson ou des lentilles crues, par exemple. Enfourne pour 20 minutes. Au terme de la cuisson, dépose sur une grille, retire délicatement la feuille de cuisson avec les billes.

(suite de la recette, page suivante)

(suite de la recette) **LA BELLE TARTE AU CITRON YUZU MERINGUÉE**

Pour le crémeux citron yuzu :
3 œufs bio
60 g de sucre en poudre
90 g de jus de yuzu
7 g de Maïzena®
75 g de beurre doux froid

Pour la meringue française au yuzu :
6 blancs d'œufs bio
50 g de jus de yuzu
100 g de sucre en poudre
100 g de sucre glace

ÉTAPE 4
Prépare le crémeux citron yuzu. Dans une casserole, mélange les œufs battus, le sucre, le jus de yuzu et la Maïzena®. Laisse chauffer doucement sans porter à ébullition tout en fouettant. Le mélange est très délicat car les œufs ne doivent pas cuire en omelette, tu dois obtenir une mousse. Passe à la passette fine.
Laisse refroidir à 45 °C (en le touchant, tu dois supporter la chaleur). Incorpore le beurre froid en petits cubes au fur et à mesure à l'aide du mixeur plongeant jusqu'à obtenir une crème onctueuse. Laisse refroidir filmé au contact.
Dépose le crémeux dans le fond de tarte froid et lisse bien à l'aide d'une grande spatule, réserve la tarte au frais 30 minutes.

ÉTAPE 5
Pour la meringue, monte les blancs d'œufs en neige dans la cuve de ton batteur jusqu'à ce qu'ils soient bien mousseux avec le jus de yuzu, puis ajoute le sucre en poudre, et fais-les crémer pour qu'ils soient au bec d'oiseau. Arrête de battre, retire du robot et saupoudre le sucre glace tamisé par-dessus, mélange délicatement à la Maryse et verse dans une poche plastique munie d'une douille saint-honoré.

ÉTAPE 6
Sors la tarte au citron du réfrigérateur et poche la meringue dessus. Passe le chalumeau de cuisine. Dépose la tarte sur un plat de service.

TARTE FINE AUX ABRICOTS

TEMPS DE PRÉPARATION : 40 MINUTES - TEMPS DE CUISSON : 45 MINUTES

POUR 4 À 6 PERSONNES

1 rouleau de pâte feuilletée du commerce
14 abricots
50 g de sucre cassonade
2 cuil. à soupe de confiture d'abricots

Pour la crème d'amande :
60 g de beurre doux pommade
70 g de sucre glace
75 g de poudre d'amandes
1 œuf bio
1 cuil. à café de rhum ambré

ÉTAPE 1

Prépare la crème d'amande. Dans un saladier, mélange le beurre pommade et ramollis-le à l'aide d'une spatule. Ajoute le sucre glace, mélange de nouveau, puis la poudre d'amandes. Incorpore la moitié de l'œuf battu petit à petit, continue à fouetter et ajoute le reste de l'œuf, verse le rhum. Réserve au frais.

ÉTAPE 2

Lave et coupe en deux les abricots, retire le noyau et garde-les dans un saladier.

ÉTAPE 3

Préchauffe ton four à 220 °C. Dépose ton disque de pâte feuilletée sur une plaque à pâtisserie recouverte d'une feuille de silicone. Sur la pâte, étale une fine couche de crème d'amande en laissant 0,5 cm sur le bord. Par-dessus, dispose les demi-abricots en rosace, côté chair vers le haut, puis saupoudre de sucre cassonade. Enfourne pour 45 minutes.

ÉTAPE 4

Fais chauffer légèrement la confiture d'abricots pour glacer la tarte. Sors la tarte du four et dépose-la sur une grille. Passe un peu de confiture d'abricots liquide au pinceau. Laisse refroidir à température ambiante et c'est prêt.

CONSEILS

- Tu peux varier les fruits selon les saisons : mirabelles, figues, poires...
- Tu peux remplacer la crème d'amande par une crème de pistache (en mettant 75 g de poudre de pistaches).

MOUSSE AU CHOCOLAT NOIR

TEMPS DE PRÉPARATION : 30 MINUTES - TEMPS DE CUISSON : 5 MINUTES
TEMPS DE RÉFRIGÉRATION : 4 HEURES

POUR 12 PERSONNES

Pour la crème anglaise :
125 g de crème liquide entière à 33 % de MG
125 g de lait entier
2 gros jaunes d'œufs bio
25 g de sucre en poudre

Pour la mousse au chocolat :
200 g de chocolat noir
110 g de chocolat au lait
450 g de crème liquide entière à 33 % de MG bien froide
300 g de crème anglaise maison

ÉTAPE 1

Pour préparer la crème anglaise, verse la crème liquide avec le lait dans une casserole, porte à ébullition quelques secondes. Dans un saladier, fouette sans faire blanchir les jaunes d'œufs et le sucre. Verse dessus les liquides chauds, mélange, puis reverse le tout dans la casserole. Fais cuire la crème anglaise sur feu doux en remuant à la spatule et en faisant des 8, le résultat au bout de quelques minutes doit être nappant. Verse la crème dans une passette au-dessus d'un saladier propre, laisse refroidir.

ÉTAPE 2

Concasse les chocolats s'ils sont en gros morceaux et dépose-les dans un saladier. Fais-les fondre au micro-ondes ou au bain-marie.

ÉTAPE 3

Pour la mousse au chocolat, verse la crème froide dans une cuve de batteur froide également et commence à la foisonner, elle doit être mousseuse mais pas montée. Réchauffe la crème anglaise doucement et verse-la dans le chocolat fondu, les deux textures doivent être de la même température, juste réchauffées.
Mélange doucement et incorpore la crème mousseuse.

ÉTAPE 4

Verse ensuite dans ton saladier ou plat ou individuellement. Dépose-le au frais sans le couvrir pour éviter la condensation qui se formerait et tomberait dans la mousse. Laisse au réfrigérateur 4 heures au moins avant de déguster !

CONSEILS

- Si tu as un thermomètre, utilise-le pour vérifier la température de cuisson finale pour la crème anglaise qui doit être de 84 °C.
- Tu peux également parfumer ta crème anglaise avec de la pulpe de vanille et la servir telle quelle avec un gâteau ou des fruits. Mets la mousse au milieu de la table, parsème en hiver d'un topping avec du biscuit, sésame, fleur de sel et noisettes et, en été, dépose des fruits sur le dessus, pour une salade de fruits surprise.

FLAN AU SÉSAME NOIR

TEMPS DE PRÉPARATION : 1 HEURE - TEMPS DE RÉFRIGÉRATION : 4 H 20
TEMPS DE CUISSON : 1 H 20 - TEMPS DE REPOS : 3 HEURES

POUR 6 PERSONNES

Pour l'appareil à flan :

50 g de sucre en poudre
2 œufs bio + 2 jaunes
50 g de Maïzena®
10 cl de crème liquide entière à 33 % de MG
50 cl de lait entier
1 gousse de vanille
50 g de beurre doux froid
150 g de pâte de sésame noir

Pour le fond de pâte :

1 rouleau de pâte feuilletée du commerce ou chez le boulanger
Beurre pour le cercle

ÉTAPE 1

Prépare ton appareil à flan en mélangeant dans un saladier le sucre, les œufs et les jaunes. Ajoute la Maïzena® et fouette à nouveau, verse la crème liquide et mélange. Mets de côté.

ÉTAPE 2

Dans une casserole, porte à ébullition le lait avec la gousse de vanille fendue en deux et grattée.
Passe à travers une passette, verse dans la préparation aux œufs, mélange et remets le tout à cuire à feu doux. Fais cuire doucement quelques minutes pour faire épaissir la crème, puis, hors du feu, ajoute le beurre coupé en cubes et fouette. Verse la pâte de sésame noir, mélange et mixe à l'aide d'un mixeur plongeant pour lisser la crème. Laisse tiédir la crème en mélangeant de temps en temps pour éviter qu'elle ne croûte.

ÉTAPE 3

Sur une plaque à pâtisserie recouverte de papier sulfurisé ou d'une feuille de silicone, dépose un cercle en Inox de 16/18 cm de diamètre beurré. Sur ton plan de travail, étale ta pâte feuilletée, si elle ne l'est pas déjà, à 2 mm d'épaisseur et fonce ton cercle à 4 cm de hauteur. Dépose au frais 20 minutes.

ÉTAPE 4

Coule l'appareil à flan dans la pâte feuilletée, filme et remets au frais 4 heures.

ÉTAPE 5

Préchauffe ton four à 180 °C et enfourne pour 50 minutes lorsqu'il est chaud.
Au terme de la cuisson, le flan doit être gonflé et tremblant, laisse-le refroidir dans le cercle au moins 3 heures et démoule-le délicatement.

CAKE AUX FRUITS CONFITS

TEMPS DE PRÉPARATION : 15 MINUTES - TEMPS DE MACÉRATION DES FRUITS : 8 HEURES
TEMPS DE CUISSON : 45 MINUTES

POUR 6 À 8 PERSONNES

100 g de fruits confits en cubes
1 cuil. à soupe de rhum ambré
4 œufs bio
150 g de farine
1 sachet de levure chimique
1 pincée de sel fin
150 g de sucre en poudre
200 g de beurre doux mou
+ 10 g pour le moule
3 cl de lait entier
60 g de poudre d'amandes
1 cuil. à soupe de miel liquide

Pour le sirop :
9 cl d'eau
1 cuil. à soupe de sucre en poudre
1 gousse de vanille
1 cuil. à soupe de rhum ambré

ÉTAPE 1

La veille, mets les fruits confits à macérer dans un bol avec le rhum ambré.

ÉTAPE 2

Le jour même, sépare les blancs des jaunes d'œufs.
Dans un saladier tamise ensemble la farine, la levure chimique et le sel, puis mélange à la spatule.
Dans un saladier, fouette les jaunes d'œufs avec 100 g de sucre jusqu'à ce que le mélange blanchisse et mousse.
Ajoute le beurre mou en petits dés et fouette bien pour obtenir une crème. Verse le lait froid et continue à battre.
Ajoute les poudres, mélange une fois à la Maryse, puis au batteur et, à la fin, incorpore la poudre d'amandes et le miel. Mélange en raclant les bords avec la Maryse.
Ajoute les fruits confits dans la pâte.

ÉTAPE 3

Monte les blancs en neige avec les 50 g de sucre restant, puis ajoute-les délicatement en plusieurs fois à la pâte, à l'aide de la Maryse.
Verse ta pâte dans le moule à cake beurré et enfourne pour 40 minutes. Ton cake doit être doré, légèrement moelleux ; vérifie la cuisson en le piquant avec la lame d'un couteau, qui doit ressortir grasse sans appareil à gâteau.

ÉTAPE 4

Dans une casserole, fais chauffer l'eau pour le sirop, ajoute le sucre, la pulpe de la gousse de vanille fendue et grattée et le rhum. Porte à ébullition et retire du feu. Démoule le cake encore chaud sur une grille et imbibe-le de sirop.
Laisse-le refroidir et sers en tranches.

FAIT MAISON

INDEX

LES TITRES DE CYRIL LIGNAC AUX ÉDITIONS DE LA MARTINIÈRE

Partagez vos réalisations sur notre Instagram

@lamartiniere.cuisine #faitmaisonaveccyril

DÉPARTEMENT ÉDITORIAL ART DE VIE

Recettes et photographies :
Cyril Lignac et Aude Rambour

Directrice éditoriale :
Laure Aline

Assistante éditoriale :
Marine Laurençot

Correction :
Christine Cameau

Fabrication :
Carine Ruault et Florent Roger

Conception graphique et réalisation :
Laurence Maillet

Connectez-vous sur :
www.editionsdelamartiniere.fr
Instagram : @lamartiniere.cuisine

ISBN : 979-10-401-1600-4

Photogravure : ANR

Dépôt légal : octobre 2023
Achevé d'imprimer en septembre 2023 sur les presses de Pollina
Imprimé en France - 47518